Slowakei

225 Farbfotos
Geschichte und Wissenswertes
Natur und Sehenswürdigkeiten
Karten der Regionen

Martin Sloboda

DIE SLOWAKEI

VORWORT

Nur ein Meer fehlt noch - dann hätte die Slowakei alles zu bieten, das man sich von einem Urlaubsland wünschen kann. Wunderbare Natur ohne Massentourismus, herrliche mittelalterliche Städte und Schlösser, die wegen ihrer zauberhaften Atmosphäre zur Kulisse mehrerer Märchenverfilmungen wurden. Kurorte mit Thermalquellen, Schi- und Wanderparadiese zu bescheidenen Preisen und mit dennoch immer besser werdendem Komfort. Auch erreichbar wird das Land dank günstiger Direkt-Flugverbindungen aus mehreren Städten Deutschlands und der Schweiz immer besser. Dabei lag es geografisch gesehen mit beispielsweise nur etwa 60 Kilometern Entfernung seiner Hauptstadt Bratislava von Wien oder 530 von München schon bisher gar nicht so weit entfernt, wie viele von uns wegen seiner relativen Unbekanntheit meinten.

Während Städte wie Prag oder Budapest gleich nach der politischen Wende des Jahres 1989 von westlichen Touristen regelrecht gestürmt wurden, sind Bratislava und erst recht der Rest der Slowakei bis heute ein noch wenig bekanntes Land, das sich aber wahrlich zu entdecken lohnt. Überraschung ist der häufigste Eindruck von Touristen, die sich zum ersten Mal in die Slowakei auf den Weg machen: Historische Städte, die gerade deshalb bestens erhalten blieben, weil sie lange Zeit vergessen und deshalb nicht radikal umgebaut wurden. Große, kaum berührte Wälder, hohe Wasserfälle, steile Felsen - und das alles auf gut markierten Wegen zugänglich gemacht. „Das alles hatten wir immer schon so nahe erreichbar und sind dennoch bisher nie hierher gefahren!", meinte schon so mancher Slowakei-Besucher nach seiner ersten Entdeckungsreise in das gastfreundliche Land mit seinen vielen verborgenen Schätzen. Die Slowakei ist aber auch ein Urlaubsland für alle Generationen: Wer die Ruhe sucht, kommt hier ebenso auf seine Kosten wie junge Abenteurer. Und das beste: Meist liegt die ganze Vielseitigkeit des slowakischen Freizeitangebots auf so kleinem Raum beieinander, dass man alles auf einmal haben kann. Herrliche Gebirgslandschaften befinden sich in unmittelbarer Sichtweite von historischen Städten und Burgen und wer von einer anstrengenden Wanderung Erholung sucht, findet das nächste Kurbad gleich neben dem Endpunkt seiner Tour.

Christoph Thanei
österreichischer Journalist (Die Presse, DPA),
einmal in die Slowakei gekommen und bis
heute fasziniert dageblieben

HISTORISCHER ÜBERBLICK

1. - 4. Jh. n. Chr.
Der Südwesten der heutigen Slowakei wird Grenze des Römischen Reichs.

9. Jh. Die Slawen bilden ihren eigenen Staat, das Großmährische Reich. Ankunft des Christentums

4. Jh. vor - 1. Jh. nach Chr.
Keltische Besiedlung der heutigen Slowakei

5. - 6. Jh.
Während der Völkerwanderung kamen und gingen zahlreiche Nationen.

DIE SLOWAKEI

Die Slowakei ist ein kleiner mitteleuropäischer Staat, der im Jahr 1993 nach dem ten des Landes hauptsächlich von Besuchern aus den unmittelbaren Nachbarländern bewundert. Aber es ist nur mehr eine Frage der Zeit, wann die Slowakei auch vom stets nach neuen Zielen suchenden internationalen Tourismus entdeckt wird.

Meist wird die Slowakei mit herrlicher Natur und ihrem höchsten Gebirge, der Hohen Tatra, assoziiert.

Zerfall der Tschechoslowakei seine Selbständigkeit erlangte. Mit ihrer Fläche von 49.000 km^2 ist sie der Schweiz und Dänemark vergleichbar. Obwohl mit den großen Touristenzentren Mitteleuropas, Wien, Budapest und Prag, in einer Region gelegen, erreichte das Land bisher wenig Bekanntheit. Dabei gehört es mit seiner auf so kleinem Raum konzentrierten Vielzahl an Naturschönheiten und architektonischen Schätzen sicher zu den interessantesten Europas. Das einzige, das der mitten im Kontinent gelegenen Slowakei naturgemäß fehlt, ist ein Meer. Bisher wurden die Schönhei-

Nur wenige Länder Europas bewahrten sich so reiche Volkstraditionen wie die Slowakei.

Auch mit ihrer Einwohnerzahl von 5,3 Millionen gehört die Slowakei zu den kleineren Staaten Europas. Seit dem 1.Mai 2004 ist das wirtschaftlich rasch wachsende Land Mitglied der Europäischen Union. Die wichtigsten Wirtschaftszweige bilden die Automobil-, Maschinen-, Stahl-, petrochemische und elektrotechnische Industrie. Das größte Wachstumspotenzial liegt jedoch im Fremdenverkehr, für den das Land ideale Bedingungen bietet. Obwohl die Slowakei so klein ist, weist sie dank unterschiedlichster geologischer Bedingungen eine erstaunliche landschaftliche Vielfalt auf. Im süd-

13. Jh.
Die meisten Städte und Burgen entstehen.

1000 Das heutige Landesgebiet wird Teil eines neuen Ungarischen Königreichs bis 1918.

1563-1830
Pressburg (Pozsony) ist Krönungsstadt der ungarischen Könige.

 Die Slowakei

Die sich dynamisch entwickelnde Hauptstadt Bratislava liegt an der Donau, direkt an den Staatsgrenzen zu zwei Nachbarländern. Was einst Hindernis der Entwicklung war, ist jetzt ein strategischer Vorteil.

lichen Drittel des Landes herrscht ein warmes Klima mit milden Wintern und heißen Sommern. In den für diese Region typischen, sehr fruchtbaren und weitgehend waldlosen Ebenen gedeihen Wein, Marillen, Pfirsiche, Melonen und anderes Wärme und Sonne liebendes Obst. Den größeren Nordteil des Landes mit seinen kalten Wintern und nur mäßig warmen Sommern dominieren hingegen die von Süden nach Norden immer höher werdenden Berge und tiefen Wälder. Wahrscheinlich bekanntester Anziehungspunkt, mit dem die Slowakei identifiziert wird, ist ihr höchstes Gebirge, die Hohe Tatra, mit ihren charakteristischen Engtälern und steilen Felsmassiven und der Gerlsdorfer Spitze als mit 2.655 Metern höchstem Berg. Die einzigartig bewahrte Natur bildet den größten Reiz dieses kleinen Landes, das zu mehr als 40 Prozent von dichten Wäldern bedeckt ist, in denen anderswo längst ausgestorbene Tierarten leben. Neun Nationalparks und andere Naturschutzgebiete umfassen 23 Prozent der Staatsfläche. Von den tausenden erforschten Höhlenkilometern

In der Slowakei garantieren während des ganzen Jahres zahlreiche Feierlichkeiten, Musik- und Folklorefestivals, historische Gewerbe- und Weihnachtsmärkte und andere Veranstaltungen, dass sich die Besucher nie langweilen.

HISTORISCHER ÜBERBLICK

18. Jh.
Blütezeit unter Maria Theresia

Anf. 19. Jh.
Napoleonische Kriege

1843 Ľudovít Štúr bildet die Grundlage der modernen slowakischen Schriftsprache.

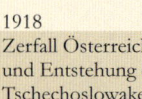

1918
Zerfall Österreich-Ungarns und Entstehung der Tschechoslowakei

Die Slowakei

sind zwar nur zwölf Höhlen touristisch zugänglich, die aber gehören zu den schönsten Europas. Fünf von ihnen wurden in die UNESCO-Liste des Weltnaturerbes aufgenommen. Wahrhaft übersät ist die Slowakei von Mineral- und Thermalquellen, die seit Urzeiten der Heilung und Erholung dienen und weltbekannte Kurorte entstehen ließen.

In diesem Teil Europas kam es stets zur Vermischung von Völkern und Kulturen, die alle ihre Spuren hinterließen. Nach Kelten, Römern und Germanen ließen sich auf dem Gebiet der heutigen Slowakei Slawen nieder, zu denen sich später Ungarn und Deutsche gesellten. Ab dem Jahr 1000 war das Gebiet bis 1918 als „Oberungarn" ein Teil des multinationalen Ungarischen Königreichs, dann bis 1993 abgesehen von einer kurzen Unterbrechung während des Zweiten Weltkriegs Teil der Tschechoslowakei. Slowakisch, Deutsch und Ungarisch waren die allgemein geläufigen Sprachen. Zeugnisse der gegenseitigen kulturellen Beeinflussung und Bereicherung der Völker sind bis heute überall sichtbar, auch wenn sie nur von wenigen bemerkt werden. Zum Beispiel in der Vielfalt der Architektur, die wir hier auf so kleinem Raum finden. Bewahrte mittelalterliche Städte, Besonderheiten der Volksarchitektur, hunderte Burgen und Schlösser, wertvolle Holzkirchen - das alles sind Beispiele des reichen kulturellen Erbes, das die UNESCO auszeichnete und das Slowakei-Besucher anzieht.

Ob wohlerhaltene mittelalterliche Städte oder mächtige Burgen, die Liebhaber des Historischen enttäuscht die Slowakei sicher nicht.

Wer Berge, tiefe Wälder und duftende Wiesen liebt, findet hier zahllose Erholungsmöglichkeiten.

Ihnen dieses kleine schöne Land vorzustellen und näher zu bringen ist die Aufgabe dieses Büchleins. Es ist in vier Kapitel eingeteilt, die die Hauptregionen der Slowakei beschreiben: Bratislava, die West-, Mittel- und Ostslowakei. Jedes Kapitel beginnt mit einer kurzen Charakteristik der Region und einer Übersichtskarte der beschriebenen Sehenswürdigkeiten. Dargestellt wird das sehenswerteste, das im Land an historischen Städten, Burgen und Schlössern, Kurorten, Volksarchitektur und Nationalparks zu finden ist. Die Texte mit Bildern sind durch herausgehobene Kästchen ergänzt, die die Aufmerksamkeit auf lokale Sehenswürdigkeiten lenken.

1948 Die Kommunisten übernehmen die Macht.

1989
Fall des Kommunismus

1993
Nach Teilung der Tschechoslowakei entsteht die unabhängige Slowakei.

2004
Die Slowakei wird Teil der Europäischen Union.

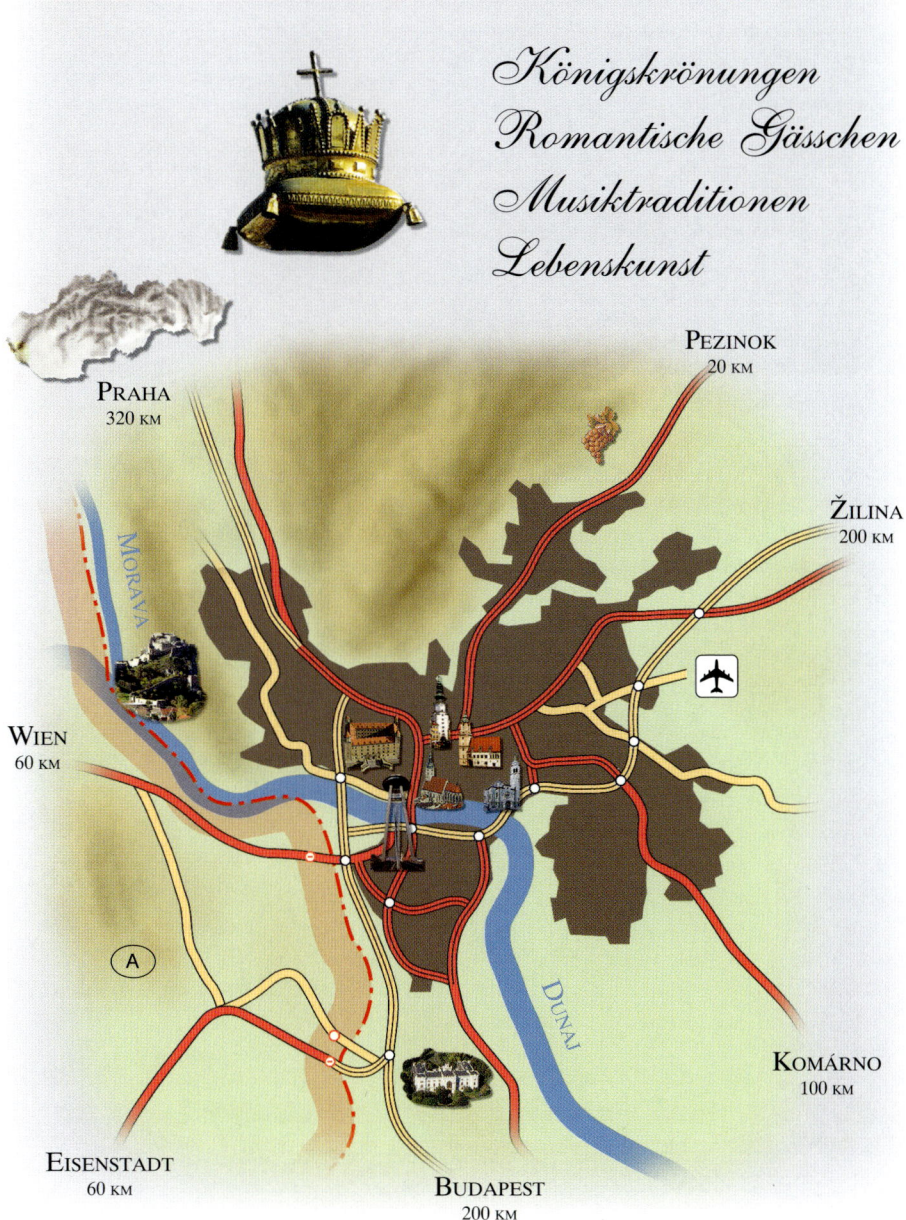

BRATISLAVA

Bratislava

Die Hauptstadt Bratislava (430.000 Einw.) liegt exponiert in der Südwestecke des Landes, direkt an den Staatsgrenzen zu Österreich und Ungarn. Seit der Teilung der Tschechoslowakei 1993 Hauptstadt und Sitz von Parlament, Präsident und Regierung, ist Bratislava nicht nur politisches, sondern auch wirtschaftliches, kulturelles und wissenschaftliches Zentrum. Dank der strategischen Lage, günstigen Infrastruktur und Ausbildung der Einwohner fungiert es als Magnet für Auslandsinvestitionen. Als dynamischer Motor der rasch wachsenden Volkswirtschaft erwirtschaftet die zugleich größte Stadt 26 Prozent des slowakischen BIP. Mit dem nur 60 km entfernten Wien hat die Stadt nicht nur eine reiche Vergangenheit gemein, sondern auch eine perspektivenreiche Zukunft im Rahmen einer gemeinsamen Europaregion mit einem der dynamischsten Wachstumspotenziale des neuen Europa.

Bratislava ist Sitz dreier Universitäten und dreier Hochschulen mit insgesamt 60.000 Studenten, die die Altstadt beleben. Renommierte Institutionen wie das Slowakische Nationaltheater und die Slowaki-

Blick vom Osten auf das historische Zentrum

Königskrönungen

Im Martinsdom erfolgten 1563 – 1830 insgesamt 19 Krönungen. Daran erinnern heute noch Krönungsfeiern, die jährlich Anfang September großes Zuschauerinteresse wecken.

Die Michaelergasse säumen zahlreiche Cafés, Geschäfte und Galerien.

BRATISLAVA

sche Philharmonie sowie eine Vielzahl an Musik- und anderen Kulturfestivals machen das reiche Kulturleben der Stadt auch international bekannt. An bis 1993 der Tschechoslowakei. Die erste bekannte Erwähnung der Stadt, „Brezalauspurch", stammt aus dem Jahre 907. Daraus entwickelte sich später der deutsche Name Pressburg, der neben dem ungarischen Pozsony bis zur Namensänderung 1919 offiziell verwendet wurde. Der seitdem gültige Name Bratislava geht vermutlich ebenfalls auf das ursprüngliche Brezalauspurch zurück. Im Jahre 1291 erhielt Pressburg das Stadtrecht und wuchs rasch. Im Jahre 1465 wurde unter dem Namen Istropolitana die erste Universität gegründet. Als die Türken nach ihrem Sieg über die ungarische Armee in der Schlacht bei Mohács 1526 rasch große Teile Ungarns einnahmen, wurden aus Furcht vor ihnen die Hauptstadt und alle Ämter im Jahr 1536 von Buda vorübergehend nach Pressburg verlegt. 1563 wurde die Stadt auch Krönungsstadt der ungarischen Könige und schon vorher Aufbewahrungsort der Kronjuwelen. Dieses Provisorium dauerte freilich bis zum Jahr 1783 und die Krönungen erfolgten noch bis 1830 hier. Der Ungarische Landtag tagte bis 1848 in Pressburg. In dieser langen Zeit war die Stadt politisches und kulturelles Zentrum ganz Ungarns. Bis heute stolz sind ihre Bewohner auf ihre charakteristische Mehrsprachigkeit und Kosmopolität. Bis zur Mitte des 19. Jh. überwogen deutsche Einwohner gegenüber Ungarn, Slowaken und Juden. Allmählich glich sich das Verhältnis aber aus, sodass die Stadt bis zum Zweiten Weltkrieg für ihre Dreisprachigkeit bekannt war. Obwohl Krieg und kommunistisches Regime Vieles zerstörten, wird in Bratislava bis heute

Den Hauptplatz beherrscht der Gebäudekomplex des Alten Rathauses.

Größe und Prunk kann Bratislava zwar mit dem benachbarten Wien oder Budapest nicht konkurrieren, aber ausländische Besucher und Einheimische lieben die Stadt gerade wegen des Charmes der engen Gassen und versteckten Höfe im angenehm übersichtlichen und verkehrsfreien historischen Zentrum. In den vergangenen Jahren wurde Bratislava zu einem beliebten Ziel für Wochenendtouristen. Die Stadt erstreckt sich auf beide Donauufer und die Südhänge der kleinen Karpaten und zog seit je her verschiedene Nationen an. Besiedelt war sie schon zu Zeiten der Kelten, Römer, Germanen und der Slawen, die auf dem Burgberg eine christliche Kirche errichteten. Nach der Eroberung des slawischen Großmährischen Reiches im 10. Jahrhundert wurde das Gebiet der Slowakei bis 1918 Teil des Ungarischen Königreichs und danach abgesehen von einer kurzen Unterbrechung

Blick von der Donau auf die majestätische Burg

BRATISLAVA

Die „Blaue Kirche"

Die Elisabethskirche im Sezessionsstil, erbaut 1909-13, gehört zu den schönsten in Bratislava und ist wegen ihrer Farbe den meisten Einheimischen nur als „Blaue Kirche" bekannt.

Der Martinsdom ragt mit einer Höhe 85 m über die Stadt. Blick von der Burg.

Kronjuwelen im Kronturm aufbewahrt. Im 18. Jh. erfolgte unter Maria Theresia der letzte Umbau von einer Renaissancefestung in ein Barockschloss, das ihr als ungarischer Sommersitz diente. Ein „Neues Palais" genannter stadtseitiger Zubau zum Hauptpalast wurde Sitz des ungarischen Statthalters, des mit Maria Theresias geliebter Tochter Maria Christina verheirateten Herzogs Albert von Sachsen-Teschen. Der große Kunstsammler Albert begründete gerade hier seine weltberühmte Sammlung Albertina in Wien. Leider übersiedelte die Residenz aber 1783 nach Buda, während hierher die Armee verlegt wurde. Deren Nachlässigkeit verursachte 1811 einen Brand, der für weitere 150 Jahre nur eine Ruine bestehen ließ. Erst in der zweiten Hälfte des 20. Jh. wurde die Burg wieder aufgebaut.

außer dem offiziellen Slowakisch noch Deutsch und Ungarisch gesprochen.
Seit Jahrhunderten überragt die Stadt und ihr Umland die mächtige **Burg** mit ihren charakteristischen vier Türmen auf einem 85 Meter hohen Hügel über der Donau. Schon Kelten, Römer und später Slawen nützten ihre strategische Lage. Nachdem König Sigismund von Luxemburg die Burg zu seinem ungarischen Sitz wählte, wurde der im 13. Jh. errichtete Palast im 15. Jh. abgerissen und der übrig bleibende mächtige Turm in einen neuen gotischen Palast integriert. Im 16. Jh. wurde die Burg von Hofarchitekt Pietro Ferrabosco, der auch am Umbau der Wiener Hofburg arbeitete, im Renaissancestil umgestaltet. Ab dem Jahr 1552 mit Unterbrechungen bis 1783 waren die ungarischen

Zu den interessantesten Häusern der Stadt gehört das Haus zum guten Hirten nahe des Domes.

Unter der Burg breitet sich die **Altstadt** aus, die seit dem 15. Jahrhundert von hohen, im Westteil noch bis heute erhaltenen Mauern umgeben war. In die Stadt gelangte man ursprünglich über drei, später vier Tore, von denen bis heute nur mehr das **Michaelertor** im Norden erhalten blieb. Es gehört

BRATISLAVA

Die Oper des Slowakischen Nationaltheaters gehört zu den renommiertesten Mitteleuropas.

che Atmosphäre erweckenden Renaissance-Arkaden führt ein gotischer Durchgang aus dem 15. Jahrhundert. Der romantische Innenhof mit seiner guten Akustik wird ganzjährig für Theatervorstellungen, Konzerte und Handwerksmärkte genützt. Inzwischen ein Teil des heutigen Rathauses ist gleich dahinter das schönste Palais der Stadt, das **Primatialpalai**s, der 1781 als Winterresidenz der Erzbischöfe errichtet wurde und einen wahren Schatz birgt: An den Wänden der herrlichen Repräsentationsräume des Palais befindet sich nämlich eine einzigartige sechsteilige Serie von im 17. Jh. für den englischen König gefertigten Gobelins. Diese weltweit

mit seinem hohen Barockdach zu den Blickfängen der Altstadt. Der historische **Hauptplatz** (Hlavné námestie) mit dem Alten Rathaus wirkt wie aus einem Architektur-Lehrbuch ausgeschnitten, weil hier jedes Gebäude in einem anderen Stil von der Gotik bis zum Jugendstil errichtet ist. In seiner Mitte steht der Maximiliansbrunnen aus dem Jahr 1572 als ältester erhaltener Stadtbrunnen. Wenn sich im Sommer der Platz mit Leben füllt, sitzt die Jugend am Brunnen und aus den beliebten Kaffeehäusern beobachtet man die Spazierenden und genießt den Zauber des Ortes. Vor Weihnachten lockt der traditionelle Weihnachtsmarkt Touristen aus ganz Europa mit lokalen Spezialitäten und Handgemachtem. Den Platz dominiert der ursprünglich gotische alte Rathausturm mit seiner barocken Fassade. In den wunderschönen Innenhof des **Alten Rathauses** mit seinen eine südli-

Das Repräsentationsgebäude Primatialpalais birgt eine einzigartige Serie englischer Gobelins aus dem 17. Jh.

einzige vollständig erhaltene Serie englischer Gobelins wurde aus reinem Zufall bei Restaurationsarbeiten im Jahr 1903 gefunden. 1805 wurde in diesem Palast nach der Schlacht von Austerlitz der Pressburger Friede unterzeichnet, der Napoleon auf den Höhepunkt seiner Macht und die österreichischen Habsburger um große Teile ihrer Länder brachte. In Richtung Donau erstreckt sich eine ehemalige Promenade, an deren Ende 1886 das noble Gebäude des heutigen **Slowakischen Nationaltheaters** mit seiner weltberühmt gewordenen Opern- und Ballettszene errichtet wurde. Gleich daneben befindet sich das ebenso herrliche Gebäude der **Slowakischen Philharmonie** mit dem schönsten Konzertsaal der Stadt. Unter der Burg erhebt sich am Rande der Altstadt der Mitte des 15. Jh. vollendete gotische **Martinsdom**, in dem von 1563 bis 1830 insgesamt 19

Zu den Dominanten des historischen Zentrums gehört das elegante Gebäude des Hotels Carlton.

BRATISLAVA

In der Sommersaison verlagert sich alles Geschehen auf die Plätze und Gassen, die bis zu später Stunde von Leben erfüllt sind.

der Stadt geboren wurden, hier studierten oder konzertierten, gehören Mozart, Beethoven, Haydn, Rubinstein, Hummel, Liszt, Bartók und Dohnányi. Eine wichtige Rolle spielte in der Vergangenheit die jüdische Gemeinde. Das Judenviertel befand sich zwischen Burg und Altstadt. Berühmtester Vertreter der jüdischen Gemeinde, der drei Synagogen gehörten, war der aus Frankfurt stammende Rabbiner Chatam Sofer, einer der europaweit geachtetsten Gelehrten seiner Zeit. Nach seinem Tod 1839 wurde er auf dem alten jüdischen Friedhof an der Donau unter dem Burghügel begraben. Die erhalten gebliebenen Überreste des Friedhofs wurden zu Krönungen ungarischer Könige und ihrer Gemahlinnen zelebriert wurden. Daran erinnert eine 300 kg schwere Kopie der ungarischen Krone auf dem 85 m hohen Turm. Das Innere des Doms wurde im 18. Jh. von Georg Raphael Donner, der 11 Jahre in der Stadt verbrachte, im barocken Stil umgestaltet. Bis heute erhalten blieben seine Reiterstatue des Heiligen Martin und die Johannes-Kapelle. Eines der größten Palais der Stadt ist das im 18. Jh. für den mächtigen Grafen Grassalkovich außerhalb der Stadtmauern errichtete **Grassalkovich-Palais**. Es dient heute als Sitz des Staatspräsidenten und sein wunderschöner Garten ist öffentlich zugänglich. Im 18. und 19. Jh. blühte in der Stadt ein reiches Musikleben, weshalb zahlreiche Gedenktafeln an das Wirken und Leben berühmter Komponisten erinnern und dessen Tradition bis heute anhält. Zu den berühmtesten Musikern, die entweder in

Bratislava und der Wein

Der Weinbau hat in der Stadt eine sehr lange Tradition. Zu vielen Häusern der Altstadt gehören bis heute erhaltene Weinkeller, die nun als Restaurants und Bars genutzt werden. Aus Bratislava stammt auch der erste außerhalb Frankreichs nach der Champagner-Methode erzeugte Schaumwein. Bis heute kommen aus der Umgebung der Stadt ausgezeichnete Weißweine.

An die reiche Musiktradition der Stadt erinnert ein reges Musikleben, das sich im Sommer auf die Plätze verlagert.

BRATISLAVA

Dank seiner romantischen Atmosphäre und dem traditionellen Weihnachtsmarkt ist Bratislava auch im Winter ein beliebtes Ziel.

BRATISLAVA

Sitz des slowakischen Präsidenten ist das Grassalkovich-Palais aus dem 18. Jh. Sein renovierter Garten ist öffentlich zugänglich.

einem **Chatam Sofer-Memorial** umgebaut.

Am Westrand der Stadt, direkt an der österreichischen Grenze, befindet sich die malerische und weitläufige **Burgruine Devín** (Theben). Da der strategisch gelegene Burgfelsen seit Urzeiten besiedelt war, gehört er zu den archäologisch interessantesten Orten der Slowakei mit einer Vielzahl sich überlagernder Völker- und Zivilisationsschichten. Die Kelten errichteten hier eine Siedlung und die Römer eine Wacht für den wichtigen Flussübergang an ihrer Reichsgrenze. Später bauten die Slawen eine große befestigte Siedlung. Die jetzt sichtbare Burg wurde im 13. Jh. auf Grundmauern aus dem 9. Jh. errichtet. Sie steht auf einem 80 m hohen Fels am Zusammenfluss von March und Donau. Die über die Jahrhunderte wechselnden Besitzer ergänzten jeweils eigene Teile der Burg, die zwar die Türkenbelagerung 1683 überstand, aber dann 1809 von Napoleons Armee in die Luft gejagt wurde. Von ihrem oberen Teil bietet sich ein wunderbarer Panoramablick nach Österreich Richtung Wien und bei gutem Wetter auf die Alpen. Bis 1989 verlief direkt unter der Burg der streng bewachte Eiserne Vorhang zwischen Westen und Osten, woran nur mehr ein zur Erinnerung aufbewahrtes Stück Grenzzaun erinnert. Die Hügel hinter Devín sind wegen ihrer seltenen Flora und Fauna ein Naturreservat mit markierten Wegen, die wunderbare Ausblicke auf die umliegende Landschaft gewähren.

Im Süden der Stadt liegt nahe der ungarischen Grenze das im 18. Jh. von der Adelsfamilie Zichy erbaute und Anfang des 19. Jh. historistisch umgebaute **Schloss Rusovce**. Ende des selben Jahrhunderts kaufte es der bekannte Pferdezüchter Henckel von Donnersmark und baute es im Geiste der englischen Gotik grundlegend um. Von ihm erwarb es 1906 Graf Lónyay, der sich hier mit seiner Gemahlin, der belgischen Prinzessin Erzherzogin Stefanie niederließ. Diese Tochter des belgischen Königs Leopold II. war zunächst Gattin des Habsburger Kronprinzen Rudolf, des einzigen Sohnes von Kaiser Franz Josef und Elisabeth. Nach Rudolfs Selbstmord in Mayer-

BRATISLAVA

Schloss Rusovce

Das Schloss Rusovce im Süden der Stadt ist von einem großen Park umgeben. In den Jahren 1906-45 wurde es von der belgischen Prinzessin Erzherzogin Stefanie bewohnt, der Witwe von Kronprinz Rudolf von Habsburg.

ling 1889 lebte Stefanie lange alleine, bis sie sich erst im Jahr 1900 mit Graf Lónyay neu vermählte. Der war ihr aber nicht standesgleich, weshalb ihr ihre ganze Familie fortan den Rücken kehrte. 1906 zog das Paar gemeinsam nach Rusovce, nützte das Schloss bis zum Ende des Zweiten Weltkrieges als Repräsentationssitz und gestaltete den umliegenden Park aufwändig um. Zu den auserwählten Gästen, die sie hier besuchten, zählten Thronfolger Franz Ferdinand und der bulgarische Zar Ferdinand Coburg.

Unweit von Rusovce, bei **Čunovo**, beginnt ein großer Stausee, der die erste Stufe des größten slowakischen Wasserkraftwerks Gabčíkovo bildet. An seinem Rand entsteht ein Erholungszentrum mit einem der größten künstlichen Wildwasserkanäle Europas. Hier finden regelmäßig Welt- und Europameisterschaften im Rafting statt. Auf der benachbarten Donauhalbinsel befindet sich eine der interessantesten Galerien Bratislavas, das Danubiana Meulensteen Art Museum, mit seinen wechselnden Ausstellungen international bekannter Künstler eine der neueren Attraktionen der Stadt. Allein schon das von lauter Skulpturen umgebene und auffallend bunte Gebäude in Gestalt eines Bootes weist darauf hin, dass es sich hier um eine Galerie moderner Kunst handelt.

In Bratislava lassen sich zahlreiche Beispiele für die Vermischung von verschiedenen architektonischen Stilen finden.

Im Westen der Stadt erhebt sich die mächtige Burgruine Devin (Theben) über die Donau.

WESTSLOWAKEI

Pezinok

Nur 20 km von Bratislava entfernt befindet sich eines der Zentren des slowakischen Weinbaus. Pezinok (Bösing, 22.000 Einw.) liegt an der türlich entsprechenden Weinkellern. Den oberen Teil der Stadt beherrscht ein kleines Schloss mit ausgedehntem englischem Park, das ursprünglich als Wasserburg im 13. Jh. errichtet wurde. Seitdem wurde es mehrfach umgebaut und gehörte vom 17. bis zum 20 Jh. der Adelsfa-

rund 60 km langen so genannten Weinstraße der Kleinen Karpaten, die in Bratislava beginnt und beim Schloss Smolenice (Smolenitz) endet. Sie verbindet alle wichtigen Städte und Dörfer an den Südhängen der Kleinen Karpaten mit ihrer langjährigen Weinbautradition. Pezinok erhielt 1376 das Stadtprivileg und wurde 1647 freie Königsstadt. Neben dem Weinbau war in der Vergangenheit auch Bergbau von Bedeutung. Bis ins 18. Jh. wurde vor allem Gold abgebaut. Die Stadtbefestigung aus der ersten Hälfte des 17. Jh. ist teilweise noch erhalten. Im Zentrum finden wir typische Winzerhäuser mit großen Durchfahrtstoren, langgezogenen Innenhöfen und na-

Der Weinkeller des Pálffy-Schlosses ist voller historischer Fässer gigantischen Ausmaßes.

milie Pálffy. Der dazu gehörende Weinkeller gehört zu den größten der Slowakei und ist voll mit historischen Weinfässern beachtlichen Ausmaßes. Der große historische Saal im Schlossinneren beherbergt interessante Wandgemälde. Das bedeutendste kirchliche Gebäude der Stadt ist die gegenüberliegende katholische Pfarrkirche aus der Mitte des 14. Jh. mit einer seltenen Marmorkanzel aus dem Jahr 1573. Zu den interessantesten Gebäuden der Stadt gehört das Rathaus mit seinen Ecktürmchen und Ar-

Zu den interessantesten Gebäuden der Stadt gehört das Rathaus mit seinen Ecktürmen und dem beschaulichen Arkadenhof aus der Zeit um 1600.

WESTSLOWAKEI

Traditionen aus Pezinok (Bösing)

Mit dem Weinbau von Pezinok und seiner Umgebung ist natürlich eine Reihe von Traditionen und Veranstaltungen während des ganzen Jahres verbunden. Zu den bekanntesten gehören die Weinausstellung im April, die Weinlese im September und die Tage der offenen Weinkeller im November. Wein verkosten und die altehrwürdige Atmosphäre genießen kann man aber während des ganzen Jahres in den beschaulichen örtlichen Weinkellern.

mühle außerhalb des Zentrums, der Schaubmar-Mühle, ist heute eine einzigartige Galerie der naiven Kunst untergebracht. In Verbindung mit dem Weinbau steht natürlich während des ganzen Jahres eine Vielzahl von Bräuchen und Veranstaltungen wie die Weinausstellung im April, die Weinlese im September und die Tage der offenen Weinkeller im November. Wein verkosten und die ehrwürdige Atmosphäre genießen kann man aber ganzjährig in den lauschigen Kellern der ansässigen Weinbauern. Auf leichten markierten Wander- und Radwegen, die wunderbare Ausblicke in die Umgebung bieten, gelangt man über den Karpatenkamm nach Bratislava zurück.

kadenhof aus der Zeit um 1600. Ein typisches Weinhändlerhaus aus dem 17. Jh. ist gegenüber liegend das heutige Museum der Kleinen Karpaten, das die reiche Geschichte der Stadt und des Weinbaus dokumentiert. In seinem Hof und den Kellern sind zahlreiche historische Weinpressen ausgestellt. Weitere Weinbauzentren der Umgebung sind Svätý Jur (St. Georgen), Limbach und Modra (Modern). In Pezinok geboren ist Johann Kupecký, einer der bedeutendsten Barockporträtisten, der in Wien, Dresden und Nürnberg wirkte und dessen Geburtshaus nun ein kleines Museum beherbergt. In einer restaurierten Wasser-

ČERVENÝ KAMEŇ

Nahe dem Weinstädtchen Modra (Modern), etwa 30 km nördlich von Bratislava, thront in den Kleinen Karpaten eine der besterhaltenen Renaissanceburgen namens Červený Kameň (Bibersburg), die im 13. Jh. zu einer Festungskette zwischen Ungarn und den böhmischen Ländern gehörte. Im Jahr 1528 kam die Burg in den Besitz der als Gläubiger der Habsburgerherrscher bekannten Augsburger Bankiersfamilie Fugger, die im mittelslowakischen Banská Bystrica (Neusohl) Kupfer förderten und die Burg als Lager dafür nützten. Während umfangreicher Umbauten im 16. Jh. erhielt die Burg dafür 70 Meter lange und neun Meter hohe Kellergänge, die aber nie wirklich diesem Zweck dienten, sondern zur Lagerung des für die Region typischen Weines. Zur gleichen Zeit wurde die Burg zu einer Festung gegen die Türken mit vier mächtigen Basteien und ausgeklügelt belüfteten mehrstöckigen Schießscharten ausgebaut, die

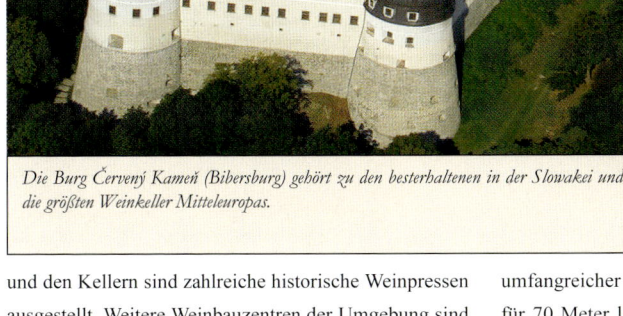

Die Burg Červený Kameň (Bibersburg) gehört zu den besterhaltenen in der Slowakei und birgt die größten Weinkeller Mitteleuropas.

WESTSLOWAKEI

Das Schloss Budmerice (Pudmeritz) befindet sich nur wenige Kilometer von der Burg Červený Kameň (Bibersburg) entfernt und gehörte ebenfalls der Familie Pálffy.

WESTSLOWAKEI

sie bis heute prägen. Nach theoretischen Entwürfen Albrecht Dürers wurde aus der Burg eine so perfekte Festung, dass nicht einmal jemand auch nur versuchte, sie zu erobern. Nikolaus Pálffy, der durch Vermählung mit Marie Fugger in den Besitz der Burg gelangte, ließ die Festung nach 1583 in einen Repräsentationssitz umbauen, wofür er vor allem italienische Künstler zu sich rief. Die Pálffys, denen die Burg bis 1945 gehörte, legten als

Die Familie Pálffy
Ab Ende des 16. Jh. bis zum Jahr 1945 gehörte die Burg der Familie Pálffy, die auch zahlreiche andere Burgen und Schlösser in der Westslowakei besaß.

große Reisende und Sammler über Jahrhunderte eine große Kollektion von kostbaren Möbeln aus ganz Europa an, die bis heute Wohn- und Lebensstil des Adels im 16. bis 20. Jh. dokumentieren. Die zauberhafte Atmosphäre der Burg mit ihrem herrlichen Ausblick ergänzen Attraktionen wie eine Falknerei mit Raubvögelvorführungen und historische Wettkämpfe.

Die mächtige gotische Nikolauskirche aus dem 14. Jh. gehört zu den Dominanten von Trnava.

TRNAVA

Trnava (Tyrnau, 70.000 Einw.) gehört zu den ältesten Städten der Slowakei. Es entstand am Schnittpunkt wichtiger Handelswege, erhielt schon 1238 das Privileg einer freien Königsstadt und verdankt seine Bedeutung auch den von König Béla IV. gerufenen deutschen Siedlern. Bis heute sind ein großer Teil der in der Slowakei einzigartigen Ziegelbefestigung aus dem 13. Jh., eine Vielzahl mittelalterlicher Bürgerhäuser und und eine reiche kirchliche Architektur erhalten.

Nach der Besetzung von Buda und Esztergom durch die Türken wurde Trnava für fast drei Jahrhunderte (1541-1820) Sitz der Esztergomer Erzbischöfe, die die Entwicklung der Stadt zu einem Zentrum der Bildung förderten. 1635 bis 1777 bestand die von Erzbischof Peter Pázmány gegründete Universität mit vier Fakultäten,

Zu den wertvollsten Kirchenbauten der Slowakei gehört die Universitätskirche von Trnava aus den Jahren 1629-35.

WESTSLOWAKEI

Die schönsten Bürgerhäuser befinden sich in der Umgebung des Renaissance-Stadtturms aus dem Jahr 1574.

zunächst einer theologischen und philosophischen, dann auch juridischen und medizinischen. Zum Universitätskomplex, einem der größten historischen Bauwerke der Stadt, gehört auch die von Antonio Canevale nach dem Vorbild der Kirche Il Gesú in Rom geplante und von Pietro Spazzo 1629-1635 erbaute, Johannes dem Täufer geweihte Universitätskirche der Jesuiten als erstes frühbarockes Bauwerk in der Slowakei. An der Ausgestaltung dieses wertvollsten Bauwerks der Gegenreformation in der Slowakei arbeiteten italienische, österreichische und einheimische Meister. Der 1640 vollendete, einzigartige dreistöckige Holzaltar nimmt die gesamte Rückwand ein und gehört mit seinen 27 lebensgroßen Statuen zu den schönsten des Landes. Gleich daneben befindet sich das Rektoratsgebäude und gegenüber die Akademie, beide aus dem 18. Jh. Die beiden gotischen Türme der Ende des 14. Jh. errichteten Nikolauskirche wurden nach einem Brand durch Renaissancehelme ergänzt. Im 18. Jh. baute J. L.

Hillebrandt auf Wunsch von Erzbischof Emmerich Eszterházy zur Kirche eine Kapelle an. Den langgestreckten Platz zwischen der Kirche und dem ursprünglich aus dem 13. Jh. stammenden Klarissenkloster säumen noble Bürgerhäuser. Hauptplatz der Stadt ist der Dreifaltigkeitsplatz mit dem Renaissance-Stadtturm aus dem Jahre 1574 und der barocken Dreifaltigkeitssäule. Hier stehen auch das ursprünglich im Renaissancestil errichtete und im 18. Jh. umgebaute Rathaus und das älteste noch bestehende Theater der Slowakei aus dem Jahr 1831. In den umliegenden Straßen haben sich schöne Bürgerhäuser mit gotischem Kern erhalten. Nachdem die Universität nach Budapest übersiedelte und auch der Erzbischof die Stadt wieder verließ, verlor sie zunächst an Bedeutung, wurde aber an der Wende vom 18. zum 19. Jh. neuerlich slowakisches Bildungszentrum. 1846 verband die erste Pferdeeisenbahn des damaligen Ungarn Trnava mit Pressburg (Bratislava) und trug wesentlich zur weiteren Entwicklung der Stadt bei. Heute ist Trnava wieder Universitätsstadt und gehört zu den größten Industriestädten der Slowakei.

DOLNÁ KRUPÁ

Das nahe Trnava gelegene Dorf Dolná Krupá (Unterkrupa) ist eng mit dem Namen Ludwig van Beethovens verbunden. Hier ließ sich Josef Brunswick in den Jahren 1793-95 ein großes klassizistisches Schloss errichten, das von einem ausgedehnten englischen Park nach

Das Beethovenhaus

Beethoven hielt sich auf Einladung der Familie Brunswick mehrmals in Dolná Krupá (Unterkrupa) auf. Er wohnte in einem heute nach ihm benannten kleinen Häuschen neben dem Schloss.

Plänen des deutschen Gartenarchitekten Heinrich Neblien umgeben wurde. Das Gartenpavillon wurde von Beethoven während seiner Aufenthalte bewohnt und trägt deshalb heute den Namen Beethovenhaus. Der berühmte Komponist war ein Freund der Familie Brunswick und hielt sich hier auf deren Einladung mehrmals in den Jahren 1800, 1801 und nach manchen Quellen auch 1806 und 1810 auf.

WESTSLOWAKEI

Das Schloss Dolná Krupá (Unterkrupa) wurde durch die Besuche Ludwig van Beethovens bekannt.

Umbau nach französischen und italienischen mittelalterlichen Vorbildern. Den Gebäudekomplex, der von einem wunderschönen, fließend in den benachbarten Wald übergehenden Park umgeben ist, dominiert ein mächtiger Zentralturm mit herrlichem Ausblick von der Aussichtsterrasse auf die dichten Wälder der Kleinen Karpaten. Von der ursprünglichen Burg sind die Festungsmauer und einige Basteien erhalten geblieben. Streifzüge durch die Umgebung lassen sich mit dem Besuch der Driny-Höhle, der einzigen Höhle dieser Region verbinden. Derzeit wird das Schloss, mit dem die in Bratislava beginnende 60 km lange Weinstraße der Kleinen Karpaten endet, von der Slowakischen Akademie der Wissenschaften als Konferenzzentrum genützt. Nur während der Sommerferien ist das Schloss für die Allgemeinheit geöffnet. Weinverkostungen in der ehemaligen Schlosskapelle sind aber auch während des Jahres möglich.

Er komponierte hier seine Mondscheinsonate und widmete den Enkelinnen Josef Brunswicks, Josephine und Therese zwei Werke. Der ersten das Lied „Hoffnung", op. 32 und der zweiten die Klaviersonate in Fis-Dur, op. 78.

DAS SCHLOSS SMOLENICE

Die ursprüngliche gotische Burg Smolenice (Smolenitz) wurde im 14. Jh. am Fuß der Kleinen Karpaten zum Schutz der Handelswege nach Böhmen errichtet und wechselte mehrfach ihre Besitzer, bis sie Ende des 18. Jh. die Familie Pálffy erwarb. Von der zweiten Hälfte des 19. Jh. bis ins 20. Jh. erfolgte ein romantischer

Das romantische Schloss Smolenice (Smolenitz) steht in einer herrlichen Naturumgebung.

SKALICA

Als historische Stadt ist Skalica (Skalitz, 15.000 Einw.) dank weitgehender Vermeidung von späteren Eingriffen geradezu modellhaft erhalten geblieben und beherrbergt auf kleinem Raum eine Vielzahl architektonischer Sehenswürdigkeiten. Dank der Grenznähe zu Böhmen und Österreich trafen sich hier verschiedene Kulturen und machten die Stadt zu einem bedeutenden wirtschaftlichen und kulturellen Zentrum der Region mit Handel, Tuchweberei und Weinbau. Die erste schriftliche Erwähnung erfolgte im 13. Jh. und im Jahr 1372 wurde Skalica freie Königsstadt. Kirchliche Orden, die sich seit dem 15. Jh. hier anzusiedeln begannen, trugen zur Kultur und Bildung bei und gründeten gleich vier Klöster in einer kleinen Stadt: Franziskaner, Jesuiten, Paulaner und Barmherzige Brüder.

Eine ungewöhnliche Dreiecksform weist der zentrale Platz der Stadt auf,

WESTSLOWAKEI

den die ursprünglich gotische Pfarrkirche St. Michael aus dem 14. Jh. mit einem interessanten Renaissanceturm mit Arkade beherrscht. Zum reichen Kircheninneren aus dem 17. und 18. Jh. gehört auch ein Altarbild des bekannten Wiener Barockmalers Franz Anton Maulbertsch. Neben der Kirche steht als einer der ältesten Bauten der Stadt der Karner der hl. Anna aus dem 14. Jh. Im ursprünglich im Renaissancestil errichteten und später barock umgebauten Gvadányi-Haus lebte der ungarische General und Dichter Gvadányi. Am Platz steht als eines der interessantesten Gebäude der Stadt auch das 1905 vom Architekten

Die Georgs-Rotunde

Am Rande der Stadt, an der ehemaligen Stadtmauer, steht die ursprünglich romanische Rotunde des heiligen Georg, wahrscheinlich aus dem Ende des 12. Jh. Sie gehört zu den ältesten Gebäuden der Stadt. Ihr oberer Teil erfüllte eine Verteidigungsfunktion, während der untere eine Kapelle war. Im Inneren sind die Fragmente gotischer Fresken erhalten. Von der ursprünglichen Stadtbefestigung mit 2 km Länge sind nur mehr wenige Abschnitte erhalten.

Zu den interessantesten Häusern der Stadt gehört das Kulturhaus im Sezessionsstil mit seiner Mosaikfassade.

Dušan Samo Jurkovič im Sezessionsstil errichtete Kulturhaus mit den wunderschönen Mosaiken des tschechischen Malers Mikoláš Aleš auf der Fassade. In der Umgebung des Platzes befinden sich weitere Sehenswürdigkeiten wie das Franziskanerkloster aus dem 15. Jh., Kirche und Kloster der Jesuiten mit ihrem Kolleg (1693-1725), Kirche und Kloster der Paulaner (1715-1725) sowie die Klosterkirche der Barmherzigen Brüder (Mitte 18. Jh.). Am Stadtrand finden wir bei der ehemaligen Stadtmauer als eines der ältesten Gebäude der Stadt eine ursprünglich romanische Rotunde des hl. Georg, wahrscheinlich vom Ende des 12. Jh., in deren Innerem gotische Fresken erhalten blieben. Während ihr unterer Teil eine Kapelle bildete, diente der obere Verteidigungszwecken. Von der ursprünglichen zwei Kilometer langen Stadtbefestigung blieben einzelne Abschnitte erhalten. Bekannt ist Skalica für seine reiche Folklore- und Weinbautradition. Auf den umliegenden Hügeln breiten sich am besten per Fahrrad zu erkundende Weinberge mit darin verstreuten so genannten Buden aus, in denen der Wein gegoren, gelagert und auch verkostet wird. Außer für seinen Wein ist Skalica aber auch für

Die Dominante des dreieckigen Platzes in Skalica (Skalitz) ist die gotische Michaelskirche mit der daneben stehenden Annakapelle aus dem 14. Jh.

WESTSLOWAKEI

eine süße Spezialität bekannt, den Skalitzer Ofenrohrkuchen (skalický trdelník), dessen Rezept Ende des 18. Jh. der Koch des Generals Gvadányi aus Siebenbürgen hierher brachte.

PIEŠŤANY

Der „Krückenbrecher"

Am Anfang der Kolonadenbrücke steht die große Bronzefigur des Symbols von Piešťany, des „Krückenbrechers", und über ihm die große lateinische Aufschrift „Surge et ambula" – „Steh auf und geh!", die allen in Erinnerung ruft, wofür sie nach Piešťany gekommen sind.

Zwischen Trnava und Trenčín (Trentschin) liegt am Fluss Váh (Waag) die bekannteste slowakische Kurstadt Piešťany (Pistyan, 30.000 Einw.). Ihre heißen Heilquellen mit einer Temperatur um 67-69°C und ihr Heilschlamm gehören zu den besten und bekanntesten der Welt. Anders als andere slowakische Kurorte liegt sie nicht in den Bergen, sondern in einer klimatisch äußerst begünstigten Ebene. Die hohe Wirksamkeit der heißen Quellen und des Thermalschlamms von Piešťany waren schon den Römern bekannt. Die erste schriftliche Erwähnung des Ortes erfolgte im Jahr 1113 und die erste Beschreibung der Heilquellen 1545. Anfangs badeten die in einfachen Verhältnissen bei der Ortsbevölkerung untergebrachten Gäste in ausgeschaufelten Mulden, die sich mit Thermalwasser füllten. Erst Anfang des 18. Jh., als das schon damals sehr bekannte Bad in den Besitz der Familie Erdödy gelangte, wurden die

Im Jahr 1917 trafen sich im luxuriösen Hotel Thermia Palace in Piešťany zu einer geheimen Kriegskonferenz der deutsche Kaiser Wilhelm II., der österreichische Kaiser Karl I. und der bulgarische Zar Ferdinand I. Coburg. Hier erfuhren sie, dass die USA in den Krieg eingetreten waren.

Die Verbindung zwischen Stadt und Insel bildet eine der bekanntesten und architektonisch wertvollsten Brücken der Slowakei, die 1932 erbaute Kolonadenbrücke des bekannten slowakischen Architekten Emil Belluš.

WESTSLOWAKEI

Die Quellen von Piešťany

Alle Quellen von Piešťany, die vor allem Rheuma und Erkrankungen des Bewegungsapparates heilen, befinden sich auf der so genannten Kurinsel zwischen zwei Flussarmen des Váh. Das Wasser kommt aus einer Tiefe von 2.000 m und die bekanntesten Kurhäuser sind direkt über den Quellen errichtet.

Figur eines Krücken zerbrechenden Mannes, der „Krückenbrecher", wurde im Jahr 1898 zum bis heute bekannten Symbol. Das vor allem Rheuma und Erkrankungen des Bewegungsapparates heilende Wasser kommt aus 2.000 m Tiefe in die direkt über den Quellen errichteten Kurhäuser auf der Insel zwischen zwei Flussarmen des Váh (Waag). An ihrem Beginn steht die große Bronzestatue des Stadtsymbols Krückenbrecher und über ihm prangt die lateinische Aufschrift: „Surge et ambula" – „Steh auf und geh!" Wie einst kommen heute wieder Besucher aus aller Welt in die Stadt, die nach aufwändigen Renovierungen an ihre glorreiche Vergangenheit anknüpfen will.

ersten, zunächst hölzernen Kurhäuser errichtet, zu deren Gästen 1801 auch Ludwig van Beethoven gehörte. Anfang des 19. Jh. wurden einige heute als Napoleonbad bekannte Kurgebäude errichtet. Erst als der Unternehmer Alexander Winter das Bad von den Erdödys pachtete, beschleunigte sich die Entwicklung grundlegend. Dank ei-

DIE BURG BECKOV

Zwischen Piešťany (Pistyan) und Trenčín (Trentschin) erhebt sich auf einem 60 m hohen Steilfelsen am größten slowakischen Fluss Váh (Waag) die majestätische Burgruine Beckov. Die zum Schutz der Grenze zu den böhmischen Ländern an strategischer Stelle errichtete königliche Grenzburg wurde im 14. und 15. Jh. großzügig im gotischen Stil umgebaut. Im 16. Jh. im Renaissancestil neuerlich umgebaut und befestigt, widerstand sie 1599 einem Türkenangriff. Obwohl sie nach mehreren Bränden im 18. Jh. ungenützt den Witterungseinflüssen und jahrhundertelangem Verfall ausgesetzt war, blie-

Beckov ist eine weitläufige Burgruine auf einem hohen Felsen über dem Fluss Váh. Einst gehörte die Burg zu einer Kette von Grenzbewachungsburgen.

ner massiven internationalen Werbekampagne wurde aus dem Provinzbad ein weltbekannter Kurort, den Adelige, indische Maharadschas, arabische Scheichs und gekrönte Häupter besuchten. Im Zuge des Aufschwungs entstanden neue Badehäuser, Sanatorien, Luxushotels und Villen. Die

ben zahlreiche architektonische Details und Reste von Wandmalereien erhalten. Nach rettenden Sanierungsarbeiten ist die Burg wieder ein beliebtes Ausflugsziel und bietet Panoramablicke ins Waagtal und auf die umliegenden Berge.

WESTSLOWAKEI

TRENČÍN

Trenčín (Trentschin, 60.000 Einw.) kann sich als einer von wenigen Orten der Slowakei rühmen, schon seit der Römerzeit besiedelt zu sein. Eine in

Trenčín hat eine interessante Altstadt, über der majestätisch die Burg thront.

der Siedlung Laugaricio auf dem heutigen Stadtgebiet überwinternde römische Legion hat eine Inschrift am Burgfelsen hinterlassen, die das am weitesten nördliche Zeugnis römischen Aufenthalts in Mitteleuropa darstellt. Die über die Rezeption des 1901 direkt an den Felsen gebauten Sezessionshotels Tatra zugängliche Inschrift erinnert an den Sieg Kaiser Marc Aurels über die Quaden im Jahr 179 n. Chr. Die Stadt erlangte erst im 13. Jh. größere Bedeutung, als auf der Burg die Oligarchenfamilie Csák regierte, die fast die ganze heutige Slowakei beherrschte. 1412 wurde Trenčín freie Königsstadt mit den entsprechenden Vorrechten und Pflichten und hatte mancherlei Angriffe und Kämpfe zu überstehen.

Heute ist Trenčín eine bedeutende Stadt der Region Považie (Waagtal) mit einer zauberhaften Atmosphäre, die sich vor allem am langgezogenen Hauptplatz genießen lässt. In dessen Mitte erinnert eine barocke Pestsäule an die Opfer der Pest im Jahre 1710. Den von Bürgerhäusern gesäumten Platz dominiert die frühbarocke (1653-57), ursprüngliche Jesuitenkirche des hl. Franz Xaver, die ab 1773 mitsamt dem Kloster von den Piaristen übernommen wurde und eine einzigartige Symbiose von Architektur, Bildhauerkunst, Malerei und kunstvoller Stuckatur darstellt. Die barocken Illusivfresken von Christoph Tausch im Kircheninneren gehören zu den beachtenswertesten in der Slowakei. Das Untere Tor der Stadtbefestigung aus dem 15. Jh. trennt den Platz von einem dahinter liegenden gemütlichen Platz mit Cafés und Restaurants sowie einem beliebten Wassermannbrunnen in der Mitte. Die

Nicht von Trenčín wegzudenken ist das Gebäude der Synagoge aus dem Jahr 1912.

benachbarte, von Richard Scheibner aus Berlin im Sezessionsstil entworfene Synagoge aus dem Jahr 1912 ist mit ihrer Kuppel nicht aus dem Stadtbild wegzudenken. Sie wird heute als Ausstellungssaal verwendet, mit einem Gebetsraum im hinteren Teil. Von der Stadt auf die Burg führt eine lange, überdachte Stiege aus dem Jahr 1568, die eine schnelle Bewegung der Stadtverteidiger zur Schanze bei der Kirche Mariä Geburt ermöglichte. Die Kirche aus dem 14. Jh. bildet gemeinsam mit dem kostbaren zweistöckigen gotischen Karner zum hl. Michael aus dem 15. Jh., in dem das Beinhaus und die Stadtpfarre untergebracht waren, ein Festungsareal am Marienberg genannten Plateau unter der Burg. Das Henkerhaus aus dem 17. Jh. dominiert die von hier in die Stadt führende Gasse.

Der historische Stadtkern

Der langgezogene Friedensplatz ist das Herz der Fußgängerzone von Trenčín. In seiner Mitte steht eine Pestsäule, die an die Opfer der Epidemie erinnert. Das größte Gebäude ist die Piaristenkirche mit ihrem kostbaren barocken Innenraum.

DIE TRENTSCHINER BURG

Eine der größten Burgen der Slowakei wurde zur Sicherung des Waagtales an der Westgrenze Ungarns errichtet. Schon im 11. Jh. stand hier eine steinerne Burg mit mächtigem Wachturm. Grundlage der heutigen Burg bilden vier nach ihren ursprünglichen Besitzern Matthias, Ludwig, Barbara und der Familie Zapolya benannte gotische Paläste aus dem 14. und 15. Jh., die mit einem ausgeklügelten Befestigungssystem umgeben wurden. Dazu kam in der Renaissancezeit als Werk italienischer Baumeister eine sternförmige Artilleriebefestigung, dank derer die Burg 1663 einem Türkenangriff widerstand.

Die Burg war Anfang des 14. Jh. Sitz des herausragenden Oligarchen Matthias Csák, der sich auf Kosten der Königsmacht zwei Drittel der heutigen Slowakei aneignete. Der 30 m hohe Burgturm bietet einen herrlichen Ausblick auf das Waagtal und die umliegenden Berge. Der 80 m tiefe Brunnen im unteren Burghof ist laut Legende ein Symbol für die ewige Liebe zwischen Omar und Fatima. Der türkische Kaufmann Omar soll den Brunnen gegraben haben, um die gefangen gehaltene Fatima freizukaufen. Tatsächlich aber war das Graben eines Brunnens in das Felsmassiv äußerst anspruchsvoll und es wurde daran von 1526-1570 gearbeitet.

Eine Gesamtansicht der Burg zeigt ihre riesigen Ausmaße. Der höchste Turm ist zugleich der älteste Teil der Burg und stammt aus dem 13. Jh.

WESTSLOWAKEI

Trenčianske Teplice

Nahe Trenčín befindet sich, malerisch im dicht bewaldeten Tal gelegen, einer der bekanntesten slowakischen Kurorte, Trenčianske Teplice (Trentschinteplitz). Heiße Thermalquellen (37-40°C) und Schlamm werden hier zur Heilung von rheumatischen Erkrankungen sowie Störungen des Bewegungsapparats und Erkrankungen des Nervensystems eingesetzt. Die älteste schriftliche Erwähnung der Mineralquellen datiert aus dem Jahr 1398, und im Jahr 1580 wird schon erstmals ein Bad erwähnt.

Von Anfang des 17. Jh. bis 1835 stand das über die Jahrhunderte stets den Herren der Trentschiner Burg gehörende Bad im Besitz der Familie Illésházy, die sich um seinen Ausbau nach dem Muster anderer ihnen bekannter Kurorte der Monarchie bemühten. Ge-

Der Kurort, der seine größte Blüte Ende des 19. Jh. erlebte, ist von einer wunderschönen Natur umgeben.

d'Harcourt wurde 1888 das wohl bekannteste Kurhaus „Hammam" in orientalischem Stil errichtet. Gerade dank dieser Familie wurde der Ort Ende des 19. Jh. in Europa ein Begriff. In den folgenden Jahrzehnten vervollständigte eine Reihe weiterer Gebäude das Bild eines angenehmen Kurstädtchens, das heute wieder an seine berühmte Vergangenheit anschließen möchte. Neben den Heilquellen trägt auch das jährlich im Juni stattfindende größte slowakische Filmfestival zur Bekanntheit von Trenčianske Teplice bei. Jedes Jahr hängen die dabei anwesenden internationalen Stars eine Tafel mit ihrem Namen an die „Ruhmesbrücke". Der Erholung der Gäste dient auch ein ausgedehnter Kurpark, dessen gepflegte Wege sich in die umliegenden Berge fortsetzen und von Aussichtspunkten reizvolle Ausblicke in die Umgebung bieten.

Der imposante Innenraum des Kurhauses Hammam in orientalischem Stil aus dem Jahr 1888

Topoľčianky

In einem kleinen, ursprünglich mittelalterlichen Dorf steht eines der bekanntesten Schlösser der Slowakei, Topoľčianky. Seine heutige Gestalt erhielt das ursprüngliche Renaissanceschloss, von dem ein Hof mit charakteristischen Renaissancearkaden bestehen blieb, im 19. Jh. durch seine Besitzerfamilie Keglevich. In den Jahren 1820-1840 wurde der vordere klassizistische Teil gebaut.

lungen ist das aber erst den späteren Käufern, dem Wiener Bankier Georg Sina und seinen Nachfahren. Im Rahmen des Umbaus entstand 1870 das bekannte Kurhaus Sina, und unter Sinas Enkelin Iphigenie

1890 kaufte Erzherzog Karl Ludwig, ein Bruder Kaiser Franz Josephs, das Schloss und machte es zu ei-

WESTSLOWAKEI

nem Sommersitz der Habsburger. Das Schloss mit seiner charakteristischen Kuppel und Säulenreihe ist von einem ausgedehnten englischen Park umgeben, der allmählich in den Wald übergeht. Das Jagdrevier um

Im weitläufigen Schlosspark finden wir ein Jagdschlösschen aus der Zeit der Habsburger.

Die elegante Hauptfassade des Schlosses stammt von einem Umbau in den Jahren 1820-40.

das Schloss gehörte in der Habsburgerzeit zu den bedeutendsten in Ungarn. Erzherzog Josef August war der größte Weinzüchter der Umgebung, wobei ihm zugute kam, dass schon der Vorbesitzer Graf Stefan Keglevich mit Hilfe französischer Experten einen ausgedehnten Weinberg angelegt hatte. Als große Pferdeliebhaber hielten sich die Habsburger in Topoľčianky auch einen großen Reitstall mit wertvollen Rassen.

Nach 1918 wurde das Schloss verstaatlicht und vom ersten tschechoslowakischen Präsidenten Tomáš G. Masaryk als Sommerresidenz genützt. Bis heute gehört das Jagdrevier zu den besten der Slowakei und beherbergt verschiedene Hochwildarten und Raubvögel, vor allem aber die landesweit einzige Herde von in freier Natur schon seit dem 18. Jh. ausgerotteten Auerochsen (europäischen Bisons). Mit Topoľčianky

Das Nationalgestüt

Aus Topolčianky stammen die besten Pferderassen der Slowakei. Die Zuchttradition wurde hier noch von den Habsburgern begründet.

verbindet man heute aber auch das slowakische Nationalgestüt, in dem die edelsten Pferderassen des Landes gezüchtet werden, und unter dem Namen Chateau Topoľčianky auch Weine, die zu den besten des Landes zählen.

Das Schloss birgt einen wunderschön erhaltenen Renaissancehof.

WESTSLOWAKEI

NITRA

Nitra (Neutra, 87.000 Einw.) mit seiner reichen und bewegten Geschichte gehört heute zu den größten Städten der Slowakei. Es ist Zentrum des Südwestteils der Slowakei mit einer ausgeprägten Industrie und dank zweier Universitäten auch einem aktiven Studentenleben. Symbol Nitras, der ältesten Stadt der Slowakei, ist der weithin sichtbare Burghügel mit seinen charakteristischen Türmen. Schon im Jahre 828 ließ Fürst Pribina hier, im Zentrum seines Fürstentums Nitra, die erste christliche Kirche der heutigen Slowakei errichten und vom Salzburger Erzbischof Adalram einweihen. Seit 880 war Nitra als Bischofssitz ein kulturelles und politisches Zentrum. Freie Königsstadt wurde es 1248. Den historischen Teil des heutigen Nitra bilden die Burg, sowie die Oberstadt und Unterstadt. Die Burg gehört zu den interessantesten Bauwerken des Landes und setzt sich aus der Kathedrale, dem Bischofspalast und der Festungsanlage

Corgoň

Die überlebensgroße Atlas-Statue, im Volksmund Corgoň genannt, die eine Ecke eines der Palais der Oberstadt stützt, gehört zu den Symbolen von Nitra und gab dem lokalen Bier seinen Namen.

erhielt sie ihre reiche Ausstattung mit Fresken und Bildern von Antonio Galliarti, womit sie als Hauptteil der Kathedrale zugleich zu den wertvollsten barocken Kircheninnenräumen der Slowakei zählt. Ein breites barockes Treppenhaus aus den Jahren 1622-1642 führt von ihr in die jüngere Unterkirche. Der Kathedrale benachbart ist das in den Jahren 1732-39 anstelle eines älteren gotischen Palais errichtete Bischofspalais mit seinem Hof. Die sternförmige Befestigung des Burgkomplexes wurde 1674 nach der 1663 erfolgten Eroberung und Zerstörung von Stadt und Burg durch die Türken fertig gestellt. Unter der Burg liegt die Oberstadt, an deren dominantem Platz das „Große Seminar" aus dem 18. Jh. mit der wertvollen Diözesanbibliothek steht. Gegenüber befindet sich das „Kleine Seminar" aus dem 19. Jh. Ein interessantes Bauwerk ist das Palais Kluch von Anfang des 19. Jh. mit einer großen Atlasfigur an einer Ecke, deren volkstümlicher Name Corgoň dem Nitraer Bier seinen Namen gab. Lebendiges Zentrum Nitras ist die Unterstadt mit ihrer gemütlichen Fußgängerzone, die in einen großen Platz mit dem modernen Theater und dem alten Rathaus aus dem

Blick auf die Burg von Nitra mit Befestigung und der Oberstadt, die sich darunter ausbreitet.

zusammen. Die St. Emeramskathedrale als ihr wertvollster Teil besteht aus drei miteinander verbundenen Kirchen. Von der ältesten, romanischen aus dem 11. Jh. steht nur mehr ein Teil. Etwas höher liegt die gotische Oberkirche aus den Jahren 1333-35, deren Inneres zweimal umgebaut wurde. Im 17. und 18. Jh.

Jahr 1880 mündet. Die schön renovierte Synagoge aus dem Jahr 1911 dient heute als Ausstellungsraum. Die prächtige barocke Klosterkirche der Piaristen aus den Jahren 1701-63 enthält wertvolle spätbarocke Wandmalereien.

Jenseits des Flusses erhebt sich über die Stadt der

WESTSLOWAKEI

Die St. Emeramskathedrale auf der Burg von Nitra setzt sich aus drei Kirchen zusammen. Am ältesten ist die romanische Kirche aus dem 11. Jh., die nur teilweise erhalten blieb.

KOMÁRNO

Dank seiner strategischen Lage am Zusammenfluss der großen Flüsse Donau und Váh (Waag) stand Komárno (Komorn, heute 38.000 Einw.) schon zu Urzeiten als Schnittstelle bedeutender Handelswege im Mittelpunkt von Machtinteressen. Es überrascht daher nicht, dass die Stadt als Festung entstand, die schon dem Einfall der Tataren im Jahr 1242 standhielt.

Die Donau teilt die Stadt in zwei Teile, deren ungarischer Komárom heißt. Grenzlage und Nationalitätenmischung verleihen der Stadt eine besondere Atmosphäre. Sie gehört zu den Zentren der ungarischen Minderheit in der Slowakei und beherbergt die ungarische Universität.

Während der türkischen Expansion im 16. und 17. Jh. wurde Komárno nach damals neuesten Erkenntnissen aufwändig zur bedeutendsten Türkenfestung der Monarchie ausgebaut. Die Festung besteht aus drei Teilen. Die Alte Festung aus dem 12. Jh. wurde im 16. Jh. vollendet. In den Jahren 1663 – 1673 kam die Neue Festung mit fünfeckigem Grundriss hinzu, die über

Konstantin und Method

Unter der Burg von Nitra befindet sich eine Statue der Missionare Konstantin und Method, die im 9. Jh. das Christentum auf dem Gebiet der heutigen Slowakei verbreiteten. Dank ihnen konnten Messfeiern außer in den klassischen Sprachen auch auf Altslawisch zelebriert werden.

mächtig aus der südslowakischen Ebene herausragende Berg Zobor, der die Landschaft weithin dominiert und bei gutem Wetter bis Bratislava sichtbar ist. An seinem Hang befinden sich noch die Überreste eines Benediktinerklosters, das vor dem Jahr 1000 entstand und im 15. Jh. zerstört wurde. Die Mönche dieses ältesten Klosters der Slowakei hinterließen die in den Jahren 1111-1113 entstandenen Zoborer Urkunden, in denen sie das Kloster und seine Umgebung beschrieben. Neben diesen ältesten erhaltenen Schriftdokumenten der Slowakei verdankt Nitra den Mönchen auch seine reiche Weinbautradition.

Jedes der 45 Häuser des Europaplatzes in Komárno repräsentiert ein anderes Land Europas.

WESTSLOWAKEI

eine Brücke mit dem älteren Teil verbunden wurde. Während der napoleonischen Kriege Anfang des 19. Jh. wurde schließlich ein Ring von Mauern und Bastionen namens Palatin-Linie dazugebaut. Die nie eroberte Festung Komárno ist die größte in Mitteleuropa und wird nun schrittweise öffentlich zugänglich gemacht.

Einen schwerwiegenden Eingriff in das Leben der Stadt brachte eine zerstörerische Erdbebenserie Ende des 18. Jh., nach der es lange Zeit per Gesetz verboten war, höhere als zweistöckige Häuser zu bauen. Neben der Festung und der Altstadt mit ihren idyllischen Gässchen und Plätzen bildet der Europaplatz eine neue Attraktion. Auf zuvor ungenütztem Gelände im Stadt-

wird. Zusätzlich belebt wird er durch einen Millenniumsbrunnen, Geschäfte, Kaffeehäuser und zahlreiche Bänke, von denen sich die einzelnen Häuser betrachten lassen.

Ein Spaziergang durch die Altstadt führt uns zu den Geburtshäusern zweier berühmter Künstler, des ungarischen Schriftstellers Mór Jókai und des Kompo-

Das Rathaus in Komárno steht im historischen Teil der Stadt, für den die engen Gässchen und kleinen Plätze typisch sind.

nisten Franz Lehár. Wirtschaftliche Bedeutung hat Komárno als nach Bratislava zweitwichtigster slowakischer Hafen und eine für ihre Fluss- und Meeresschiffe bekannte Schiffswerft. Unweit von Komárno liegt das bekannte Kur- und Thermalbad Patince.

Zum Platz gehören zahlreiche schöne Ecken mit kleinen Geschäften und Cafés.

zentrum entstand hier symbolträchtig am Kreuzungspunkt europäischer Handelswege ein Platz, der von Gebäuden mit typischen architektonischen Merkmalen aus 45 verschiedenen Ländern Europas gesäumt

MITTELSLOWAKEI

Bergbaustädte
Volksarchitektur
Reiche Folklore
Zauberhafte Natur

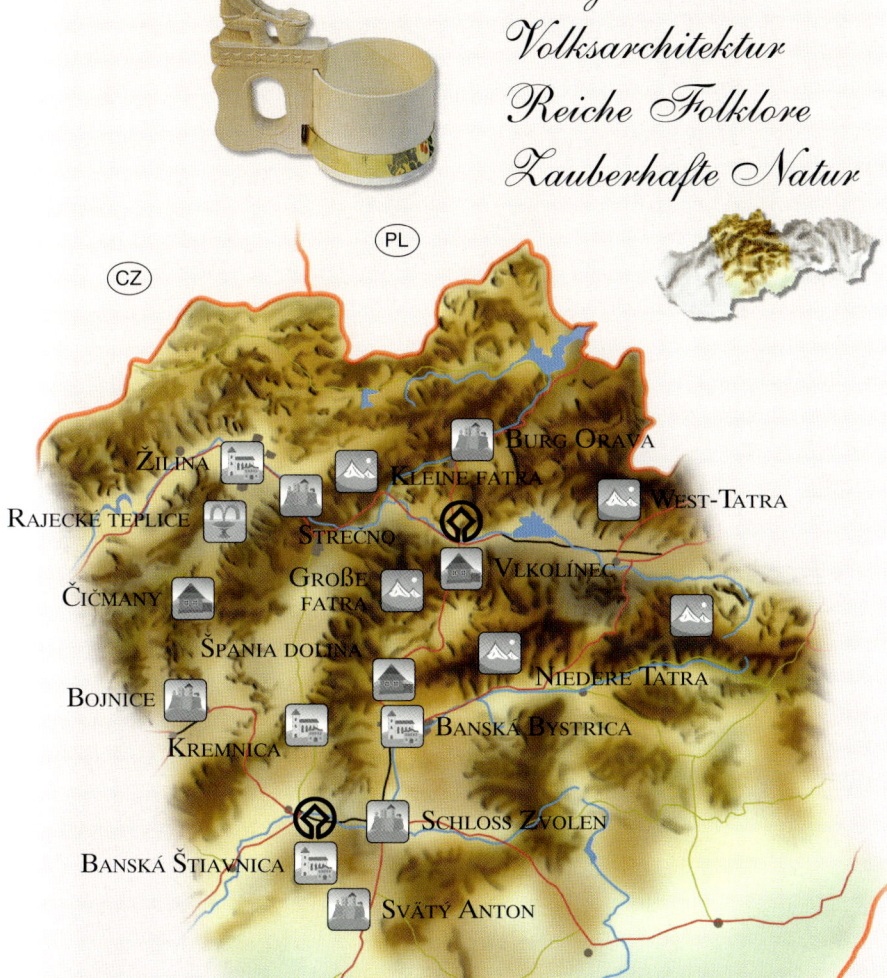

MITTELSLOWAKEI

ŽILINA

Žilina (Sillein, 87.000 Einw.) ist das Zentrum der nordwestlichen Slowakei und eine der größten

Wahrzeichen von Žilina sind zwei sehr ähnliche Türme.

Städte des Landes. Schon im Jahr 1312 erstmals als Stadt schriftlich erwähnt, verdankte Žilina wie auch andere slowakische Städte seine Entwicklung im Mittelalter deutschen Kolonisten. Das Privilegium pro Slavis (1381) des ungarischen Königs Ludwig I. von Anjou ermöglichte eine gleichberechtigte Ämterteilung zwischen Deutschen und Slowaken im Stadtrat und hatte damit einen bedeutenden Einfluss auf das damalige öffentliche Leben. Aus dieser Zeit stammt das kostbare dreisprachige „Silleiner Stadtrechtsbuch" aus den Jahren 1378-1524, das älteste in der Slowakei erhaltene Rechtsdokument. Darin befindet sich die 1451 aufgezeichnete, älteste in einem Buch in der Slowakei erhaltene Niederschrift in einem slowakisierten Tschechisch. Im Verlauf des 16. und 17. Jh. erlebte die Stadt eine wirtschaftliche Blüte und wurde zugleich zum ökonomischen Mittelpunkt der weiteren Umgebung und zum wichtigsten Zentrum der protestantischen Bewegung in Ungarn. Im 18. und im größeren Teil des 19. Jh. folgten jedoch eine Stagnation der Stadtentwicklung und sogar ein Rückgang der Einwohnerzahl. Erst der Anschluss an die Eisenbahn 1871 brachte einen neuen Aufschwung als Impuls für die bis heute stadtprägende Industrie.

Den Kern von Žilina bildet der ausgedehnte, quadratische Marienplatz (100x100m), der seine ursprüngliche Gestalt über die Jahrhunderte bewahrte. Er ist der einzige Platz der Slowakei, der noch im ganzen Umfang von Arkaden im Erdgeschoss der Bürgerhäuser umgeben ist. In der Platzmitte erinnert eine barocke Mariensäule aus dem Jahr 1738 an die Rekatholisierung der Stadt. Beherrscht wird der Platz von der barokken Jesuitenkirche mit ihren zwei Türmen und dem angefügten Kloster aus dem Jahr 1754. Das Alte Rathaus mit dem zu jeder vollen Stunde ertönenden Glockenspiel erhielt seine heutige Gestalt 1890. Symbole Žilinas sind zwei nahe dem Platz stehende Türme. Der höhere gehört zur um 1400 im gotischen Stil errichteten und später im Renaissancestil umgebauten römisch-

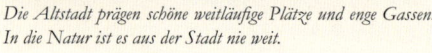

Die Altstadt prägen schöne weitläufige Plätze und enge Gassen. In die Natur ist es aus der Stadt nie weit.

MITTELSLOWAKEI

katholischen Pfarrkirche der Heiligen Dreifaltigkeit, der etwas kleinere wurde 1530 als Glockenturm im Renaissancestil erbaut. Vom Marienplatz führt die enge Pfarr-

> ### Der Hauptplatz von Žilina
>
> Den Kern von Žilina bildet der weite quadratische Platz mit einer Ausdehnung von 100x100 m, der über die Jahrhunderte seine ursprüngliche Gestalt bewahrte. Er ist der einzige Platz in der Slowakei, der noch im ganzen Umfang von Arkaden im Erdgeschoss der Bürgerhäuser umgeben ist.
>
>

gasse zur 1940 errichteten Pfarrtreppe, die uns auf einen weiteren beeindruckenden Platz mit einem großen Terassenbrunnen führt. Von hier zum Bahnhof verläuft als Teil der Fußgängerzone die wichtigste Einkaufsstraße mit interessanten Bauwerken der Jahrhundertwende. Ein typisches Ordensgebäude ist die 1730 vollendete, turmlose Klosterkirche der Franziskaner mit ihrem wertvollen Inneren. Gegenüber steht die vom bekannten Berliner Architekten Peter Behrens 1934 vollendete ehemalige Synagoge. Das nahe dem Stadtzentrum stehende Schloss Budatín am Zusammenfluss von Váh (Waag) und Kysuca (Kischütz) wurde im 13. Jh. als Wachburg errichtet. Sein ältester Teil ist der mächtige, zwanzig Meter hohe Rundturm aus dem Jahr 1323. Die Burg wurde im 16. und 18. Jh. erweitert, brannte aber Mitte des 19. Jh. aus. Erst Ende 19. und Anfang 20. Jh. konnte die damalige Eigentümerfamilie Csáky sie erneuern. Heute hat darin das Museum der Waag-Region seinen Sitz, das dem für Europa außergewöhnlichen, aber für die Region typischen Drahtbindergewerbe eine Ausstellung widmet.

Ältestes architektonisches Denkmal Žilinas ist die um 1200-1250 entstandene spätromanische Kirche des Heiligen Königs Stefan im Stadtteil Rudiny. Sie ist von einer Steinmauer umgeben und beherbergt in ihrem Inneren wertvolle Wandmalereien aus dem Jahr 1260. Ein weiterer kostbarer Kirchenbau ist die hölzerne römisch-katholische Georgskirche aus dem Jahr 1582 im Stadtteil Trnové.

STREČNO

Auf einem hohen Kalkfelsen über dem Fluss Váh (Waag) erhebt sich majestätisch die Burgruine Strečno, die gemeinsam mit der gegenüberliegenden „Alten Burg" den Waag-Durchbruch durch das Gebirge der Kleinen Fatra, östlich von Žilina bewachte. Die Existenz der Burg ist schon im 13. Jh. belegt. Unter den zahlreich wechselnden Eigentümern war Ferenc Wesselényi der bedeutendste. Er führte in den 60-er Jahren des 17. Jh. einen antihabsburgischen Aufstand an. Seine Gemahlin Zsófia Bosnyák wurde als Heilige verehrt, weil ihr Körper bis heute unversehrt erhalten blieb. Im Rahmen seines Feldzugs gegen die Aufständischen ließ der Habsburgerherrscher Leopold I. die Burg sprengen, sodass nur mehr die Ruinen der oberen und unteren Burg übrig blieben. Die untere Burg diente ursprünglich vor allem wirtschaftlicher Nutzung, die obere hingegen als Herren-

Die Burg Strečno wurde auf einem hohen Felsen über dem Fluss Váh erbaut und ist weithin sichtbar.

MITTELSLOWAKEI

wohnsitz mit Kapelle und Schatzkammer. Heute ist die renovierte Burg wieder öffentlich zugänglich und bietet einen wunderbaren Ausblick auf die Mäander des Flusses Váh und das Gebirgsmassiv der Kleinen Fatra. Unter der Burg verkehren wieder Flöße, nur transportieren sie nun Touristen statt Holz. Von diesem längsten slowakischen Fluss aus bietet sich der beste Blick auf die Burg.

Kleine Fatra

Die im Nordwesten der Slowakei, nahe der Stadt Žilina (Sillein) gelegene Kleine Fatra ist zwar kein großes Gebirge, gehört aber zu den vielfältigsten des Landes. Der größte slowakische Fluss, Váh (Waag) trennt sie mit einem tiefen Gebirgseinschnitt und Mäandern in zwei unterschiedliche Teile. Wie der Fluss Dunajec im Nationalpark Pieniny kann auch diese Talenge auf hölzernen Flößen durchfahren werden, begleitet von Männern in traditionellen Trachten, die nicht nur ausgezeichnet manövrieren, sondern auch über die Geschichte der Burgen erzählen und eine Legende oder auch ein Lied dazu ergänzen. Früher dienten die Flöße dem Transport von Holz aus den Bergen in die Städte im Süden, heute bieten sie die angenehmste Möglichkeit, die Schönheit des Gebirgsdurchbruchs zu genießen. Aus westlicher Richtung von Žilina her bewachen zwei Burgen auf hohen Felsen über dem Fluss diesen Durchbruch. Während die „Alte Burg" (Starý hrad) seit dem 16. Jh. verlassen blieb, ist die zweite, Strečno, trotz teilweiser Zerstörung im 17. Jh. nach einer Renovierung wieder öffentlich zugänglich und wird von Filmteams aus aller Welt genützt. Der nördlich des Flusses gelegene Teil der Kleinen Fatra wurde 1988 wegen seiner reichen Fauna und Flora zum Nationalpark erklärt. Sein attraktivster Teil ist das Tal Vrátna dolina, das eine Art abgeschlossenen Kessel umgeben von bis zu 1.700 Meter hohen Bergen bildet. Es ist nur über den Ort Terchová durch eine enge Klamm zugänglich, in der gerade ein Wildbach und ein Weg Platz finden. Mit etwas Fantasie lassen sich in den bizarren Felsformationen menschliche und tierische Gestalten erahnen. Hinter der Klamm breitet sich das wegen seiner Schönheit und Stille geschätzte grüne Tal aus,

Der attraktivste Teil der Kleinen Fatra ist das Tal Vrátna dolina im Inneren des Gebirges, das wegen seiner Ruhe zu Erholung und Wandern aufgesucht wird.

Markierte Wanderwege führen in romantische Winkel und auf die höchsten Berge des Gebirges.

MITTELSLOWAKEI

in dem Felswände und grasbedeckte Hügelkuppen, tiefe Wälder und ausgedehnte Wiesen ineinander übergehen. Die einzige Siedlung im Tal ist das ursprünglich bewahrte Štefanová, ein Ausgangspunkt für Wanderungen in das ganze Gebirge. Die Kleine Fatra ist von sehr gut markierten Wegen durchzogen, deren attraktivste und anspruchsvollste durch tiefe Schluchten voller Wasserfälle zum Teil bis auf den Hauptkamm des Gebirges führen, der bei gutem Wetter einen herrlichen Weitblick bietet. Das Tal Vrátna dolina gehört auch zu den gefragtesten Schizentren im Winter. Auf den Hauptkamm führt ein Sessellift, der im Winter Schifahrer und im Sommer Wanderer befördert. Im Winter ziehen Hundeschlittenrennen zahlreiche Zuschauer an. Im Amphitheater von Terchová, dem Tor zum Nationalpark, findet alljährlich Anfang August das bekannte Folklorefestival Jánosík-Tage statt. Der berühmteste slowakische Räuber, Juraj Jánošík, nach dem es benannt ist, wurde hier geboren. Nach der Legende nahm er den Reichen, und gab den Armen. Nach zahlreichen Überfällen wurde er jedoch 1713 gefangen und gehängt. Die Region zeichnet sich bis heute durch besonders reiche Volkstraditionen ebenso wie durch die Schönheiten der Natur aus. So wird hier das traditionelle Schnitzerhandwerk ausgeübt und auf den Bergwiesen werden Schafe gehalten, deren Schafskäse im ganzen Land begehrt sind.

Folklorefestivals

Wie andere Regionen der Slowakei hat auch die Umgebung der Kleinen Fatra ein eigenes Folklorefestival. Im Ort Terchová finden jedes Jahr Anfang August die Jánošíktage im Amphitheater statt. Dann geht das ganze Dorf in Volksmusik, Gesang und Trachten auf.

RAJECKÉ TEPLICE

Nur wenige Kilometer südlich von Žilina (Sillein) liegt nahe der majestätischen Burg Lietava das Kurstädtchen Rajecké Teplice (Bad Rajetz). Schon seit dem 14. Jh. waren hier fünf heiße Thermalquellen bekannt. Ihre intensivere Nutzung begann im 17. Jh. unter der Familie Thurzo, denen die nahe Burg gehörte. In den vergangenen Jahren erfuhr das in ein wunderschönes Tal gebettete und von bewaldeten Hügeln umgebene Kurbad eine umfangreiche Renovierung und gehört seitdem zu den modernsten der Slowakei. Aus ergiebigen Quellen sprudelt Thermalwasser

Rajecké Teplice, bekannt durch seine ergiebigen Thermalquellen mit einer Temperatur von 38°C, wird nicht nur zur Heilung, sondern auch Entspannung besucht.

Das Kurhaus Aphrodite ist von einem schönen Park und einem See zum Bootfahren umgeben.

MITTELSLOWAKEI

mit einer Temperatur von 38°C, das zur Heilung von Nervenkrankheiten und Erkrankungen des Bewegungsapparats genutzt wird. Am attraktivsten sind das Kurhaus Aphrodite im Stil eines römischen Bades und der idyllische Kurpark mit einem See, der zum Bootfahren lädt. Rajecké Teplice setzt jedoch nicht nur auf Heilung, sondern auch auf Erholung und Wellness, und entwickelt sich damit zu einem gefragten Ziel für Touristen, die nach Besichtigungen, Wandern oder Schifahren noch Erholung suchen.

In Čičmany blieben 140 bemalte Holzhäuser erhalten.

ČIČMANY

In den Bergen zwischen Rajecké Teplice (Bad Rajetz) und Bojnice (Weinitz) liegt eine der eigenartigsten Gemeinden der Slowakei, Čičmany (Zimmermannshau). In diesem kleinen isolierten Dörfchen blieben nahezu 140 Holzhäuser erhalten, die mit weißen Ornamenten aus Tier- und Pflanzenmotiven sowie geometrischen Formen und Runen bemalt sind. Nirgendwo sonst in der Slowakei findet sich eine ähnliche Hausverzierung. Diese Ornamente sollten den menschlichen Behausungen einen magischen Schutz vor den Mächten der Natur gewähren. Ursprünglich gab es in Čičmany noch mehr dieser Häuser, aber im Laufe der Zeit fielen sie Feuern oder kriegerischen Verwüstungen zum Opfer. Nach großen Bränden Anfang des 20. Jh., denen 75 Prozent der Häuser zum Opfer fielen, wurde Čičmany 1923 vom bekannten Architekten Dušan Jurkovič nach dem ursprünglichen Vorbild renoviert. Die Bewohner arbeiteten ursprünglich vor allem in den umliegenden Wäldern und hielten Schafe. Heute widmen sie sich vor allem dem Tourismus. Oberhalb des Dorfes be-

Bemalte Häuser

Nirgendwo sonst in der Slowakei blieben solche mit weißen Ornamenten aus Tier- und Pflanzenmotiven sowie geometrischen Figuren und Runen bemalten Holzhäuser erhalten. Die Menschen glaubten, dass sie ihnen einen magischen Schutz vor den Gewalten der Natur boten.

findet sich ein hoffnungsvolles Schizentrum. Abgesehen von der besonderen Architektur ist der Ort auch für seine reich geschmückten Trachten bekannt, die die Bewohner bis heute zu festlichen Anlässen tragen.

Čičmany ist auch bekannt für seine reich verzierten Trachten.

MITTELSLOWAKEI

BOJNICE

Aus einer schon im 12. Jh. urkundlich erwähnten königlichen Burg auf einem Travertinhügel wurde über die Jahrhunderte nach zahlreichen Eigentümerwechseln im 19. Jh. das romantische Schloss Bojnice (Weinitz), inspiriert von den französischen Loire-Schlössern. Die Legende nennt als Grund für den Umbau die Liebe des Besitzers Johann Pálffy zu einer französischen Adeligen. Deren Vater habe sie ihm nur unter der Bedingung zur Frau geben wollen, dass er ihr eine gewohnte Lebensumgebung schaffe. Tatsächlich wurde 1889 mit dem Umbau begonnen, dessen Vollendung aber weder der Graf noch seine Auserwählte erlebten, da Johann Pálffy bereits 1908 verstarb. Angeblich irrt sein Geist noch heute durch die Gänge des Schlosses, was die Inspiration zur Veranstaltung von „Gespensternächten" mit historischen Spielen und anderen Vergnügungen gab.

zahlreichen kleinen Seen verbunden. Dieses besterhaltene und meistbesuchte Schloss der Slowakei ist in einem Naturpark gelegen, der auch weitere Attraktionen birgt.

Der Goldene Saal ist einer von mehreren reich verzierten Innenräumen des Schlosses.

Das benachbarte Kurbad Bojnice ist schon seit dem 16. Jh. bekannt und dient der Heilung von Krankheiten des Bewegungsapparates. Das Thermalbad bietet nicht nur Erholung und Unterhaltung, sondern auch einen herrlichen Ausblick auf das Schloss. Auch der größte und zugleich älteste Zoo der Slowakei lockt in unmittelbarer Nachbarschaft zu Schloss und Bad zahlreiche große und kleine Besucher.

KREMNICA

Kremnica (Kremnitz, 7.000 Einw.) ist die kleinste der mittelslowakischen Bergbaustädte des sogenannten Goldenen Dreiecks. Im Unterschied zur Kupferstadt Banská Bystrica (Neusohl) und zur Silberstadt Banská Štiavnica (Schemnitz) wurde hier das nicht weniger wichtige Gold gefördert. Das Städtchen ist herrlich in die Naturlandschaft der Kremnitzer Berge eingebettet, die es von allen Seiten umgeben und eine Höhe von 1.300 Metern erreichen. Gold förderte man hier schon seit dem 11. Jh., und im Jahr 1328 wurde Kremnica durch das Privileg des ungarischen Königs Karl Robert von Anjou freie Königsstadt. Zur weiteren Entwicklung von Bergbau und Münzprägung trugen Ankömmlinge aus Kut-

Bojnice erinnert an die französischen Schlösser an der Loire.

Unter den vielen weiteren auf dem Schloss organisierten Veranstaltungen ist auch das Internationale Geisterfestival zu erwähnen, das jedes Jahr im Mai eine große Zahl von Besuchern anlockt. Die imposante Innengestaltung aus dem 19. Jh. im Geist der Tiroler Gotik ergänzt auch der einzigartige gotische Weinitzer Altar im fünfeckigen Schlossturm, das Werk eines herausragenden florentiner Malers des 14. Jh.

Die aus einem eingestürzten Hügelkrater entspringende Schlossquelle ist mit einer Höhle unter der Burg mit

MITTELSLOWAKEI

Die Dominante von Kremnica ist die Stadtburg mit der Katharinenkirche aus dem 15. Jh.

die Stadt und die umliegenden Berge. Die meisten Sehenswürdigkeiten konzentrieren sich um den großen Hauptplatz mit seinen Häusern im Gotik- und Renaissancestil, dem ursprünglich gotischen Münzgebäude, dem gotischen Rathaus, der Spitalskirche aus dem 14. Jh. und der Klosterkirche der Franziskaner aus dem 17. Jh. sowie dem Museum der Münzen und Medaillen aus dem Jahr 1890. In der Platzmitte stand ursprünglich die Pfarrkirche, die aber nach einem Erdbeben im Jahre 1880 abgerissen werden musste. Übrig blieb eine herrliche, 19 Meter hohe barocke Pestsäule zur Heiligen Dreifaltigkeit aus den Jahren 1765-77 von Dionysius Stanetti, die zu den größten in der Slowakei zählt. Am oberen Teil des

ná Hora (Kuttenberg), dem damaligen Bergbau- und Münzzentrum Böhmens, bei. 1329 wurde die Kremnitzer Münzstätte gegründet, die als älteste noch aktive Münzstätte der Welt bis heute Münzen und Medaillen für viele Länder prägt. Im 14. bis 16. Jh. gehörten die Kremnitzer Dukaten zu den beliebtesten Zahlungsmitteln Europas.

Das wichtigste Bauwerk ist die dominant über der Stadt errichtete Burg aus dem 13.-15. Jh. mit einer romanischen Rotunde aus dem 13. Jh. als ihrem ältesten Teil.

Bergmannshäuser

Einst wurde nicht nur in Kremnica, sondern in der gesamten Umgebung Gold gewonnen. Um die Stadt blieben viele typische Bergmannshäuser erhalten, die meist mehrere hundert Jahre alt sind.

Vom Kirchturm bieten sich Panoramablicke auf die ganze Stadt und die umliegenden Berge.

Ihren Hauptteil bildet die gotische Katharinenkirche aus dem 15. Jh. mit wertvoller Innenausstattung. Von ihrem Turm bietet sich ein fantastischer Ausblick auf

Platzes steht das Haus, in dem einer der bedeutendsten slowakischen Komponisten, Ján L. Bella an der Wende vom 19. zum 20. Jh. lebte und wirkte. Erhalten blieb auch ein Teil der Stadtbefestigung aus dem 15. Jh. mit mehreren Basteien und dem Unteren Tor, durch das man von Süden in die Stadt gelangte. Nördlich des Zentrums steht die Kremnitzer „Klopferin" aus dem 18. Jh., von der aus die Bergleute zur Arbeit gerufen wurden. In der Umgebung der Stadt finden wir zahlreich erhaltene typische Bergmannshäuser. Ideale Bedingungen für Alpinschilauf und Langlauf, ein Thermalbad (Wassertemperatur der Quelle 52°C), Naturschönheiten und reiche Geschichte machen Kremnica und sein Umland zu einem Touristenzentrum für das ganze Jahr.

MITTELSLOWAKEI

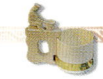

BANSKÁ ŠTIAVNICA

In der südlichen Mittelslowakei schmiegt sich an die steilen Hänge von Glanzenberg, Paradiesberg und Frauenberg eine der einst wichtigsten Bergbaustädte Europas, Banská Štiavnica (Schemnitz, 10.800 Einw.), direkt über den damals reichen Silber- und Goldadern, die über Jahrhunderte das Land und das Schicksal seiner Bewohner prägten. Schon im 11. Jh. entstand eine Siedlung auf dem Glanzenberg, wo die Erzadern nahe an die Oberfläche reichten. 1238 erhielt sie von König Béla IV., der Bergleute aus Tirol und Sachsen hierher rief, das Stadtprivileg und wuchs rasch. Im 15. Jh. stand Banská Štiavnica auf dem Höhepunkt seines Ruhms, 1627 wurde hier erstmals in Europa Sprengstoff im Bergbau eingesetzt, womit sich die Produktivität vervielfachte. An der Wende vom 17. zum 18. Jh. geriet der Bergbau jedoch in eine ernste Krise. Die Schächte waren so verzweigt und tief (bis 300m), dass die damalige Technik das einströmende Grundwasser nicht mehr bewältigen konnte und das kaiserliche Wien um eine seiner wichtigsten Einnahmequellen fürchten musste. Da entwarfen zwei ausgezeichnete Ingenieure, Matthäus Kornelius Hell und Samuel Mikovinyi, ein einzigartiges hydrotechnisches System mehrerer Wasserspeicher in der ganzen Umgebung, die zum Antrieb einer Apparatur dienten, die das Grundwasser abpumpte. Um die Einführung neuer Grubentechnologien machte sich auch die erste technische Hochschule der Welt verdient, die von Maria Theresia hier 1762 gegründete Bergbauakademie, deren Studenten aus ganz Europa kamen und Banská Štiavnica laut zeitgenössischen Quellen zur lebendigsten Studentenstadt östlich von Heidelberg machten. Diese Akademie war Vorbild für die Gründung des Pariser Polytechnikums im Jahr 1795 und bildete nahezu 10.000 Fachleute aus, die dann in den bedeutendsten Bergbau-, Hütten- und Forstbetrieben der Welt tätig wurden. Wegen seines aus dieser Zeit des Ruhms und Reichtums

Der Kalvarienweg

Auf dem Scharfenberg wurde in der Mitte des 18. Jh. ein gefühlvoll in die Umgebung gefügter Kalvarienweg errichtet, der bis heute als der bedeutendste seiner Art in der Slowakei gilt. Das gesamte Areal besteht aus 23 Objekten, die eine wahre Galerie der bildenden Kunst darstellen. Der außergewöhnlich schöne Ausblick von der oberen Kapelle umfasst nicht nur die ganze Stadt, sondern auch die umliegenden Berge.

Wegen der außergewöhnlich guten Bewahrung ihres historischen Zentrums wurde die Stadt in die UNESCO-Liste des Weltkulturerbes aufgenommen.

Banská Štiavnica wurde in einer Gebirgsregion erbaut und erstreckt sich über mehrere Berge. Es gehört zu den am schönsten gelegenen Städten der Slowakei.

MITTELSLOWAKEI

Das weithin sichtbare Neue Schloss wurde im 16. Jh. als Festung gegen die Türken errichtet.

steht das Mitte des 16. Jh. als Renaissancefestung gegen die Türken erbaute Neue Schloss, ein massives, sechsstöckiges Bauwerk mit Rundbasteien an den Ecken, die

> ### Die „Klopferin"
>
> Oberhalb der Stadt errichteten die Bergleute aus eigenen Mitteln 1681 eine „Klopferin". Ähnliche Gebäude gab es in den meisten Bergbaustädten der Slowakei. Von diesem Turm wurde einst durch Klopfen auf ein Holzbrett zur Arbeit gerufen. Im 18. Jh. kam an ihre Stelle ein Gefängnis für Bergleute. Aus ihrer Umgebung ist das historische Zentrum mit dem Alten Schloss herrlich zu sehen.
>
>

in die Stadtbefestigung übergingen. Das Schloss wurde zugleich als Beobachtungsturm benutzt, von dem man mit Trompeten Feueralarm gab. Bis heute verkünden in den Sommermonaten Trompeten zu jeder Viertelstunde die genaue Zeit.

Zentral gelegen ist der Dreifaltigkeitsplatz mit der mächtigen und zugleich eleganten Pestsäule, einer Darstellung der Heiligen Dreifaltigkeit von Dionysius Stanetti aus den Jahren 1759-1764. Zu beiden Seiten ist der Platz von Honoratiorenhäusern gesäumt, die reichen Bürgern und Bergbauunternehmern gehörten. Der Großteil von ihnen wurde im 16. Jh. erbaut und erhielt nach einer Renovierung wieder die ursprüngliche spätgotische und Renaissancegestalt. Als Besonderheit haben sie direkte Zugänge zu den Bergstollen. Auf dem Scharfenberg unterhalb der Stadt wurde 1744-1751 ein

einzigartig kompakt bewahrten historischen Zentrums wurde Banská Štiavnica zusammen mit den umliegenden Wasserspeichern in die UNESCO-Liste des Weltkulturerbes aufgenommen.

Dominante der Stadt ist das Alte Schloss. Schon im 13. Jh. entstand an seiner Stelle eine romanische Basilika. An der Wende vom 15. zum 16. Jh. wurde sie in eine gotische Kirche mit Festungsmauer umgebaut, wobei man zwei ältere gotische Türme aus dem 14. Jh. integrierte, das Eingangstor und das Himmelreichstor, das als Gefängnis diente. Angesichts der nahenden Türkengefahr baute man die Kirche Mitte des 16. Jh. vollends zur Festung um. Die Fenster wurden zugemauert und das Kirchengewölbe entfernt, sodass aus dem Hauptschiff ein Festungshof wurde. Im 18. Jh. wurde schließlich das Eingangstor im Barockstil umgebaut. Vom ursprünglichen Bau blieb nur die Michaelskapelle, ein romanischer Karner mit Beinhaus.

Auf dem Frauenberg, gegenüber dem Alten Schloss,

Die Dominante von Banská Štiavnica ist das Alte Schloss, das durch den Ausbau der befestigten Kirche zu einer Festung entstand.

MITTELSLOWAKEI

gefühlvoll in die Umgebung gefügter Kalvarienweg errichtet, der bis heute bedeutendste seiner Art in der Slowakei. Ein außergewöhnlich schöner Ausblick auf die ganze Stadt und die umliegenden Berge bietet sich von der oberen Kapelle. Oberhalb der Stadt, am Weg nach Štiavnické Bane (Windschacht) errichteten die Bergleute aus eigenen Mitteln 1681 eine „Klopferin", von der einst zur Arbeit gerufen wurde. Den Studenten ist die

Die Straßen der Stadt säumen gotische und Renaissancehäuser.

Bewahrung der eindrucksvollsten Tradition von Banská Štiavnica zu verdanken, der „Salamander". Dabei handelt es sich um einen eigenartigen, jährlich in der zweiten Septemberwoche veranstalteten Umzug durch die Stadt in zeitgenössischen Kostümen, der die Atmosphäre der glorreichen Vergangenheit wiedergibt. Lohnend ist bei einem Besuch von Banská Štiavnica auch ein Blick über die Teiche genannten und im Sommer stark frequentierten Wasserspeicher. Einen Eindruck von der unterirdischen Grubenarbeit erhält man im unter der Stadt durchführenden Schacht Glanzenberg aus dem 13. Jh. oder im Bartholomäusschacht aus dem Jahr 1698, den auch Maria Theresias Gemahl Franz Stefan von Lothringen und danach ihre Söhne, die späteren Kaiser Joseph und Leopold, sowie deren späterer Schwager Albert von Sachsen-Teschen besuchten.

Sv. Anton

Nur vier Kilometer südlich von Banská Štiavnica befindet sich umgeben von dichten Wäldern und einem ausgedehnten Park an der Stelle einer mittelalterlichen Burg das mächtige vierflügelige spätbarocke Schloss Svätý Anton (St. Anton), das der kaiserliche General und Komitatsfürst Andreas Josef Koháry in den Jahren 1744-1751 erbauen ließ. Seine Familie, die das Schloss 1622-1826 besaß, gehörte zur neuen Aristokratie, die durch königliche Schenkungen für ihre Teilnahme an den Türkenkriegen zu Reichtum gelangt war. Nach ihrer ehelichen Verbindung mit dem Haus Coburg 1816 gelangte das Schloss samt umliegenden Ländereien in den Besitz der Coburgs, einer kleinen, aber ab Mitte des 19. Jh. zu den einflussreichsten Europas zählenden Familie, die an zahlreichen Königshöfen nicht nur des alten Kontinents vertreten war. Letzter Eigentümer des Schlosses St. Anton wurde so der bulgarische Zar Ferdinand I. Coburg, dessen Anwesenheit überall im Schloss spürbar ist. Die Trophäen dieses leidenschaftlichen Jägers und Liebhabers der slowakischen Natur schmücken bis heute das Innere des mit seinem ursprünglichen Mobiliar inzwischen zu einem Jagdmuseum ausgestalteten Schlosses. Seine original erhaltene Architektur symbolisiert mit vier Toren, 12 Kaminen, 52 Räumen und 365 Fenstern den Jahreslauf. Am repräsentativsten ist der nördliche Eingangsflügel. Die vom Wiener Schloss Schönbrunn inspirierten Haupttreppe zieren steinerne Plastiken aus der Schule des bedeutenden österreichischen Barockbildhauers Georg Raphael Don-

Das Schloss blieb bis heute in seiner ursprünglichen Gestalt erhalten.

MITTELSLOWAKEI

Der chinesische Salon gehört zu den repräsentativsten im Schloss.

sind die spätgotische Kapelle und der Rittersaal zu erwähnen, sowie die Barockhalle mit der bemalten Holzkassettendecke, deren 78 Felder Bildnisse von römischen Kaisern und ungarischen Königen enthalten.

Banská Bystrica

Das am Fluss Hron (Gran) ins Tal gebettete und von vier Gebirgen umringte Banská Bystrica (Neusohl, 85.000 Einw.) bildet das natürliche und administrative Zentrum der Mittelslowakei und gehört zu den am schönsten gelegenen Städten der Slowakei. Von

ner. Die kostbarsten Räume sind der Kaiser-, Spiegel-, Audienz-, Haupt- und chinesische Salon sowie der Offizierssaal. Im Südflügel befindet sich eine Kapelle mit reichen Wandmalereien von Anton Schmidt. Jedes Jahr im September werden im klassizistischen englischen Park Hubertustage zu Ehren des Patrons der Jäger mit einem Aufnahmezeremoniell für neue Mitglieder in alter Jägertradition abgehalten.

Schloss Zvolen

Das ursprüngliche Jagdschloss wurde im 16. Jh. befestigt.

Über die historische mittelslowakische Stadt Zvolen (Altsohl) erhebt sich das gleichnamige Schloss, das im 14. Jh. unter dem Ungarnkönig Ludwig I. von Anjou errichtet wurde. Die Architektur des ursprünglich unbefestigten Jagdschlosses, dessen Repräsentationsräume mit dem Rittersaal zur Stadt ausgerichtet waren, beeinflussten italienische Schlösser jener Zeit. Im 16. Jh. kam es in den Besitz der reichen Bergbaufamilie Thurzo, die es gegen die drohende Türkengefahr in eine Verteidigungslinie eingliederten und zu einer Renaissancefestung umbauten. An diesem Umbau waren die italienischen Baumeister Pratoveteri, Pozzo und Speciecasa beteiligt, die in den mittelslowakischen Bergbaustädten wirkten. Seine militärische Bedeutung verlor das Schloss später und diente nach einem barocken Umbau als Komitatssitz. Vom erhaltenen Inneren des in seinem Kern gotischen Schlosses

ihren Anfängen an lebte die Stadt vom Reichtum der sie umgebenden Berge, durch Jagd, Fischfang und Silbergewinnung.

Der ungarische König Béla IV. erteilte ihr 1255 umfangreiche Privilegien und lockte deutsche Ansiedler herbei, die gemeinsam mit der eingesessenen Bevölkerung vor allem Kupfer förderten. Eng mit dem Aufschwung von Banská Bystrica als Zentrum der Kupfer-

Volkskunst

Die Umgebung von Zvolen ist durch seine reich verzierten Trachten und für die Region typischen Musikinstrumente bekannt. Als bekanntestes Musikinstrument der Volkskunst gilt die Fujara, die so groß wie ein Erwachsener ist.

MITTELSLOWAKEI

Banská Bystrica ist von allen Seiten von hohen Bergen umgeben.

gewinnung verbunden waren die Familien Thurzo und Fugger. Dank ihrem 1495 gegründeten gemeinsamen Unternehmen wurde hiesiges Kupfer ins ganze Europa exportiert und die Stadt erlebte eine nie gekannte Blüte, die sich auch in ihrem Äußeren niederschlug. Mittelpunkt der Stadt ist der für mittelalterliche Verhältnisse große, unregelmäßige Hauptplatz, der zu den schönsten der Slowakei zählt und auf dem wir zahlreiche bis heute bewahrte repräsentative Bürgerhäuser finden. Über das ganze Jahr, vor allem aber im Sommer, wenn sich die Terassen der zahlreichen Kaffehäuser mit Studenten und Touristen füllen, strahlt er eine südländische Atmosphäre aus.

Dominante des Platzes ist der inzwischen schiefe Uhrturm aus dem Jahr 1552 im Renaissancestil, der im 18. Jh. teilweise umgebaut wurde. Er ist öffentlich zugänglich und bietet einen Panoramablick auf die Stadt und die umliegenden Berge. An der nahen Ecke des Platzes steht die Kathedrale des Heiligen Franz Xaver von Anfang des 18. Jh. (seit 1776 ist die Stadt Bischofssitz) mit zwei ungewöhnlichen Türmen aus dem 19. Jh. Auf der selben Seite des Platzes befindet sich das Thurzo-Haus mit seiner dekorativen Renaissancefassade, einst Firmensitz der Thurzo-Fuggerschen Gesellschaft. Blickfang gegenüber ist das Beniczky-Haus mit seinem prächtigen Portal und einer Renaissance-Loggia im ersten Stock.

Reichtum dank Kupfer

Viele Häuser in Banská Bystrica sind bis heute mit den Wappen von durch den Kupferbergbau reich gewordenen Familien geschmückt. 1495 wurde hier die Thurzo-Fuggersche Bergbaugesellschaft gegründet, die hiesiges Kupfer nach ganz Europa exportierte.

Am oberen Ende des Platzes steht die Stadtburg, von der abgesehen von der Befestigung die ursprünglichen Gebäude erhalten blieben. Am wertvollsten ist die Kirche der Jungfrau Maria, die sogenannte „deutsche" Kirche, die zu den schönsten in der Slowakei zählt. Im Jahr 1255 im romanischen Stil begonnen, wurde sie im 14. Jh. gotisch und nach einem Großbrand im Jahr 1761 barock umgebaut. In der gotischen Barbarakapelle der Kirche blieb wie durch ein Wunder der spätgotische Barbara-Altar von Meister Paul aus Levoča (Leutschau) aus dem Jahr 1509 erhalten. An der Außenseite der Kirche fällt die spätgotische Darstellung Christi am Ölberg auf. Zur Stadtburg gehören auch das hohe gotische Matthias-Haus, die Slowakische Kirche

Bis heute blieben in der Stadt Häuser aus der größten Blütezeit im 16. Jh. erhalten.

MITTELSLOWAKEI

Im Sommer ist die Stadt geprägt von Cafés und sorglosen Studenten.

ŠPANIA DOLINA

Nur elf Kilometer nördlich von Banská Bystrica liegt hoch in den Bergen am Ende eines engen Tals Špania Dolina (Herrengrund), eines der malerischsten Dörfer der Mittelslowakei. Schon ab dem 13. Jh. wurde in dieser Bergbaugemeinde Kupfer abgebaut, und im 16. Jh. gehörte sie zu den Förderzentren der Thurzo-Fuggerschen Gesellschaft.

Die ehemaligen Bergknappenhäuser, die heute großteils der Erholung dienen, sind terassenförmig an die Hänge gebaut, und abgesehen vom Dorfplatz in der Mitte gibt es keinen ebenen Flecken im Ort. Fast alle Häuser ha-

und das heute als Galerie dienende ehemalige Rathaus mit seiner schönen Arkadenloggia im Renaissancestil.

Ein interessantes Beispiel slowakischer experimenteller Architektur der 60-er Jahre ist das Museum des Slowakischen Nationalaufstands. Der Aufstand im Jahr 1944, dessen Zentrum Banská Bystrica war, gehört zu den größten organisierten Widerstandsaktionen gegen das nationalsozialistische Regime in Europa.

Der in zahlreichen Bauwerken erhalten gebliebene Charme der historischen Stadt und die Schönheit der umgebenden Natur mit einer Reihe von umliegenden Schizentren machen Banská Bystrica zu einem ganzjährig lohnenden Touristenziel.

Einer der malerischsten Orte der Slowakei liegt hoch in den Bergen.

ben bis heute erhaltene Lüftungsschächte und typische große Holzbalkone. Die meisten von ihnen stammen aus dem 17. und 18. Jh., man findet hier aber auch 500 Jahre alte Häuser. Dominante des Orts ist die 1593 umgebau-

Die Dominante des großen Hauptplatzes ist der schiefe Uhrturm aus dem Jahr 1552.

Spitzenwebekunst

In der Vergangenheit war Špania Dolina durch seine Spitzenwebekunst (Klöppeln) bekannt. Im 19. Jh. gab es hier sogar eine eigene Schule dafür, die ein hohes Niveau erreichte. Bis heute wird diese Tradition bewahrt und man kann einheimische Frauen auf dem Platz sehen, die ihre Spitzen fertigen und verkaufen.

MITTELSLOWAKEI

VLKOLÍNEC

A m Ostrand der Großen Fatra, nahe der Stadt Ružomberok (Rosenberg) befindet sich in einsamer Höhe das Gebirgsdorf Vlkolínec in einer wunderschönen Naturumgebung zwischen hohen Bergen und endlosen Wiesenflächen mit herrlichem Ausblick. Vlkolínec ist ein einzigartig bewahrtes Beispiel für ein traditionelles Bergdorf der Karpaten und wurde deshalb 1993 in die UNESCO-Liste des Weltkulturerbes

Vlkolínec ist ein einzigartig bewahrtes Bergdorf.

Der ganze Ort ist auf steilen Berghängen gelegen.

te, ursprünglich romanische Kirche, zu der vom Platz her eine lange und steile überdachte Holztreppe führt. Sehenswert ist auch die Renaissance-"Klopferin" aus dem 16. Jh., von der aus die Bergleute zur Arbeit gerufen wurden. Eine technische Sehenswürdigkeit sind die Reste der hölzernen Wasserleitung aus dem 16.-18. Jh., die wie in den Alpen das Wasser zum Antrieb der Förderanlagen aus bis zu 33 Kilometer entfernten Quellen in der Niederen Tatra heranführte.

Bekannt war Špania Dolina früher auch für seine Spitzenwebekunst, für die im 19. Jh. sogar eine eigene Schule mit hohem Niveau gegründet wurde. Diese Tradition wurde bis heute bewahrt, sodass zur Saison noch jetzt einheimische Frauen auf dem Dorfplatz Spitzen weben und zum Kauf anbieten. Am schönsten lässt sich Špania Dolina zu Fuß auf den Wegen erleben, die zwischen den Häusern hindurch auf die umliegenden Hänge und ehemaligen Halden führen, von denen sich ein wunderbarer Ausblick bietet.

aufgenommen. Es besteht aus 45 an einen Steilhang gebauten Holzhäusern, die in den typischen Farben blau, rosa und weiß bemalt sind.

Als Reservat der Volksarchitektur ist das im 14. Jh. gegründete Dorf dennoch kein leeres Museum, sondern nach wie vor von der ursprünglichen Dorfbevölkerung

Holzhäuser

Dank der Isolation und schweren Zugänglichkeit blieben in Vlkolínec am Rande des Nationalparks Große Fatra 45 traditionelle Holzhäuser erhalten.

bewohnt. Solche Gebirgsdörfer waren in früheren Zeiten in vielen Teilen der Slowakei zu finden. Vlkolínec bildet den Ausgangspunkt für idyllische Wanderungen in das Gebirge der Großen Fatra.

MITTELSLOWAKEI

GROßE FATRA

Den Nationalpark Große Fatra (Veľká Fatra) bildet das gleichnamige Gebirge im zentralen Teil der Slowakei, das bis in eine Höhe von 1.600 Metern reicht und im Osten an die Niedere Tatra anschließt. Es breitet sich von Norden nach Süden auf rund 45 mal 20 Kilometern aus. Abgesehen von einem kleinen hochgelegenen Teil, der im 16. Jh. abgeholzt wurde, um neues Weideland zu gewinnen, ist das von langen und tief eingeschnittenen Tälern durchzogene Gebirge dicht bewaldet. Da ein großer Teil schwer zugänglich ist und sich Menschen praktisch nur am Rande des Nationalparks ansiedelten, blieben eine Vielzahl von Urwaldpflanzen und eine bis heute starke Bären- und Luchspopulation erhalten. Vom Norden führt das dicht bewaldete Tal Ľubochnianska dolina bis ins Herz der Großen Fatra. Durch dieses bis zu einem der höchsten Berge führende, längste Tal des Gebirges verläuft dem Bach entlang auf 25 Kilometern ein idealer Weg für Fahrradtouristen. Am Nordrand des Gebirges wur-

Die Große Fatra charakterisieren tiefe und lange Täler. Wegen der Unzugänglichkeit mancher Teile davon blieb hier eine einzigartige Fauna und Flora erhalten.

Aktives Durchatmen

Die langen und urwüchsigen Täler des Gebirges lassen sich am besten per Fahrrad erkunden. Ein ausgezeichnetes System markierter Wanderwege ermöglicht wiederum Wanderern zu Fuß auch die höchstgelegenen Teile des Nationalparks zu erkunden.

de nahe der Stadt Ružomberok und dem Dorf Vlkolínec das bekannte Wintersportzentrum Ski Park errichtet.

Von Westen zum Hauptkamm verlaufen mehrere wunderschöne, langgezogene Täler mit malerischen Dörfchen an ihrer Mündung. Am Beginn eines dieser Täler, des Jasenská-Tales, befindet sich ein anderes bekanntes Schizentrum. Nicht weit davon steht am Rande der Stadt Martin (Turz-St. Martin) das Museum des Slowakischen Dorfes. Aus dem ganzen Land wurden hier kostbare Beispiele der Volksarchitektur zu einem kompletten Dorf zusammengefügt, dessen einzelne Teile jeweils verschiedene Regionen repräsentieren.

In der Großen Fatra sind menschliche Siedlungen nur am Rande des Gebirges zu finden.

MITTELSLOWAKEI

Das Dörfermuseum

Am Rande der Stadt Martin, unweit der Großen Fatra, wurde nach Jahrzehnten ein Museum des slowakischen Dorfes errichtet. Kostbare Objekte der Volksarchitektur repräsentieren alle Landesteile der Slowakei.

Traditionelle Gärten und Felder, belebte Werkstätten, Haus- und Nutztiere, eine alte Dorfkneipe und zahlreiche interessante Veranstaltungen während des ganzen Jahres tragen zur Beliebtheit des Museums unter in- und ausländischen Besuchern bei. Der schönste Teil der Großen Fatra ist die Umgebung des ursprünglich gebliebenen Ortes Blatnica. Von dort gelangt man in das herrliche, 18 km lange, zwischen bizarre Kalk- und Dolomitfelsen eingeschnittene Tal Gaderská dolina, durch das ein guter Weg auch schöne Fahrradtouren ermöglicht. Auf der Südseite des Gebirges breitet sich eine wunderschöne Landschaft mit mehreren Höhlen aus, von denen aber als einzige nur die für ihre weißen Tropfsteinformen, prächtigen Stalagniten und zahlreichen Seen bekannte Harmanecer Höhle (Harmanecká jaskyňa) zugänglich ist. Am Ostrand der Großen Fatra befindet sich auf einem Gebirgssattel eines der bedeutendsten und am besten ausgestatteten Schizentren der Slowakei, Donovaly, mit ausgezeichneten Bedingungen für Alpinschilauf und Langlauf. Die umliegenden Berge wiederum sind für Paragliding beliebt. Eine besondere Publikumsattraktion sind Hundeschlittenrennen, für die Donovaly schon mehrmals Gastgeber von Welt- und Europameisterschaften war.

NIEDERE TATRA

Die Niedere Tatra erstreckt sich mit einer Länge von rund 100 und einer Breite von etwa 20 Kilometern sehr weit über die Mitte der Slowakei. Sie bildet eine mächtige natürliche Barriere, die unterschiedliche Regionen voneinander trennt und sowohl im Norden wie im Süden durch große Täler eingegrenzt ist. In diesem Gebirge entspringen gleich zwei der längsten slowakischen Flüsse, nämlich Váh (Waag) und Hron (Gran). Wegen ihrer naturgegebenen schweren Überwindbarkeit führt durch die Niedere Tatra nur ein einziger Verkehrsweg über den als Schizentrum bekannten Gebirgsübergang Čertovica. Nach der Hohen und der Westlichen Tatra ist die Niedere Tatra das dritthöchste Gebirge der

Die größte natürliche Barriere der Mittelslowakei ist die Niedere Tatra mit einer Höhe von bis über 2.000 m.

Slowakei und zugleich das dritte, das 2.000 Meter Höhe übersteigt. Dank ihrer natürlich bewahrten ausgedehnten Wälder, Höhlen und Felsformationen wie auch ihrer seltenen Fauna und Flora wurde sie 1978 zum Nationalpark erklärt. In diesem übrigens größten Nationalpark der Slowakei leben bis heute Bären, Wölfe, Luchse und andere in Westeuropa meist schon lange ausgestorbene Tierarten. Der meistbesuchte Teil ist der in der Mitte ge-

MITTELSLOWAKEI

Die Niedere Tatra ist mit ihrer Länge von fast 100 km das längste Gebirge der Slowakei.

Erlebnis Natur.

Die Niedere Tatra ist für die Liebhaber verschiedener Sportarten ganzjährig attraktiv. Hier befinden sich die besten Schihänge des Landes. Das Gebirge bietet aber auch ausgezeichnete Wanderbedingungen, und auch Bergsteiger und Paragliding-Fans kommen auf ihre Kosten.

legene um ihre höchsten Felsmassive Chopok (2.024 m) und Ďumbier (2.043 m). Dieser Teil ist zugleich der am besten mit touristischer Infrastruktur ausgestattete. Nördlich und südlich des Chopok erstrecken sich Schigebiete, die als die besten der Slowakei gelten. Zu den schönsten Tälern der Slowakei gehört zweifellos das 12 Kilometer lange Demänovatal (Demänovská dolina), das im Süden mit dem Schizentrum Jasná am Chopok (Jasná pod Chopkom) abschließt. Hier befindet sich verborgen im tiefen Wald auch der einzige Moränensee des Gebirges, Velické pleso. In seinem Unterlauf bildete der Demänovafluss ein System von 30 Höhlen, das mit einer Länge von mehr als 33 bisher erforschten Kilometern zu den längsten Höhlensystemen der Welt gehört. Aus dieser Vielzahl von Höhlen sind drei öffentlich zugänglich, davon eine Eishöhle. Sie wurde schon im Jahr 1299 erstmals erwähnt und von Georg Buchholz im Jahre 1723 erstmals als Plan aufgezeichnet. Die bekannteste Höhle ist die Demänover Freiheitshöhle (Demänovská jaskyňa slobody), zugleich eine der schönsten Tropfsteinhöhlen Europas. Sie beherbergt gewaltige Innenräume auf fünf Ebenen mit reichen Tropfsteingebilden verschiedenster Gestalt und Farben und zahlreiche unterirdische Seen in ihrem Inneren. Die Schönheiten der Natur, verbunden mit den umliegenden Attraktionen wie dem Schizentrum und den nahe gelegenen Thermalquellen, sowie eine ausreichende Zahl an Unterkünften machen aus dem Demänovatal eines der verlockendsten

Der höchste Berg Ďumbier erreicht 2.043 m.

Urlaubsziele der Slowakei. Von der Südseite des Gebirges her entwickeln sich um das Bystratal (Bystrianská dolina) mehrere vielversprechende Touristenzentren, von denen sich Tále mit dem besten Golfplatz der Slowakei, namens „Grey Bear" rühmen kann. Den Ostteil der Niederen Tatra charakterisieren dichte unzugängliche Wälder als Paradies für Jäger. Obwohl nicht weniger sehenswert wurde dieser Teil wegen fehlender Infrastruktur bisher von Touristen noch weniger entdeckt. Abgesehen von Wandertouristen kommen hier auch Kanufahrer und Rafting-Liebhaber auf ihre Kosten, da sich

MITTELSLOWAKEI

Die Niedere Tatra birgt in ihrem Inneren mit 33 km eines der längsten Höhlensysteme der Welt.

die hier entspringende Schwarze Waag (Čierny Váh) vor allem im Frühling in einen Wildbach verwandelt. Höchster Berg ist hier die sagenumwobene Kráľova hoľa, mit einer Höhe von 1.948 Metern, die einen herrlichen Ausblick auf das Panorama der Hohen Tatra bietet. Ob im Winter oder Sommer bietet die Niedere Tatra mit ihrer Umgebung ein breites Angebot von Sportmöglichkeiten aller Art.

BURG ORAVA

Wegmarkierungen

Das Markieren von Wanderwegen hat in der Slowakei eine lange Tradition und hohes Niveau. Die einzelnen Wege sind nach Schwierigkeit in unterschiedlichen Farben gekennzeichnet. Auf den Orientierungsschildern fehlen auch nicht Hinweise auf die zeitliche Entfernung des nächsten Ziels, die Meereshöhe und Bus- oder Zugsanbindung des Zielorts.

Auf einem 120 Meter hohen Felsen über dem Fluss Orava (Arwa) im Norden der Slowakei erhebt sich mächtig, schaurig und majestätisch die Burg Orava (Arwaburg) im Stil der Gotik und Renaissance. Wegen ihrer strategischen Lage am Verbindungsweg zwischen Polen und Ungarn gehörte sie seit jeher zu den bedeutendsten Festungen der nördlichen Slowakei. Sie entstand Mitte des 13. Jh. anstelle eines älteren Burgbaus aus Holz und wurde von der Bergspitze immer weiter nach unten ausgebaut. Im Zuge der zahlreichen Aus- und Umbauten entstanden drei Höhenterassen, die

Die Orava-Burg ist auf einem 120 m hohen Fels über den Mäandern des Flusses Orava erbaut.

MITTELSLOWAKEI

Die Burg ist aus mehreren Teilen zusammengesetzt, wobei die Erweiterungen von oben nach unten erfolgten. Bei gutem Wetter bietet der obere Teil einen fantastischen Ausblick auf die West-Tatra.

WEST-TATRA

Die West-Tatra erhebt sich im Norden der Slowakei und geht ostwärts in die Hohe Tatra über. Obwohl beide Gebirge gemeinsam seit 1987 zum Tatra-Nationalpark gehören, bilden sie keine wirkliche Einheit, sondern entwickelten sich auch historisch unterschiedlich. Die im Vergleich zur Hohen Tatra touristisch viel weniger bekannte West-Tatra liegt zu einem Viertel in Polen, das sie als natürliche Barriere von der Slowakei trennt. Auf slowakischer Seite ist sie aus den zwei historischen Regionen Liptov und Orava (Lip-

eigentlich drei Burgen gemeinsam mit einem Tunnel und Kasematten zu einer monumentalen Festung verbanden, die im 17. Jh. ihre heutige Gestalt erhielt. Im Jahr 1800 brannte die Burg aus, wurde aber vor dem weiteren Zerfall bewahrt, weil sehr bald Konservierungsarbeiten begannen. Ihre letzten Eigentümer, die Familie Pálffy sorgten für ihre Renovierung im romantischen Stil. Wegen ihres geheimnisvollen Äußeren wurde sie zu Beginn der Filmgeschichte als Kulisse für den deutschen Film „Nosferatu" ausgewählt. Ihre Burgterrassen bieten einen einzigartigen Ausblick auf das westliche Tatragebirge und das Orava-(Arwa-)tal.

Blick auf die West-Tatra vom Stausee Liptovská Mara

Tradition

Die Region Orava ist bekannt für ihre Volkskunst-Traditionen. Am bekanntesten sind Erzeugnisse aus Naturmaterialien, vor allem Holz, wie z. B. Musikinstrumente, verschiedene Gefässe und Spielzeuge.

tau und Arwa) zugänglich. Mit einer maximalen Höhe von 2.250 m ist sie das zweithöchste Gebirgsmassiv der Slowakei und an Schönheit der Natur durchaus mit der Hohen Tatra vergleichbar. Von der Südseite kommt man aus den umliegenden Liptauer Dörfern und Touristenorten ins Gebirge. In den zum Hauptkamm führenden, dicht bewaldeten Tälern finden sich mehrere Wasserfälle und Gebirgsseen. Bären, Wölfe, Luchse sind in den Wäldern und Tälern zu Hause und in den Hochlagen Gemsen und Murmeltiere. Der Hauptkamm eignet sich ideal für Wander- und Schitouren, weil er weniger steil ist als jener der Hohen Tatra und nicht so abrup-

MITTELSLOWAKEI

Die West-Tatra ist das zweithöchste Gebirge der Slowakei und steht an Schönheit nicht hinter der Hohen Tatra zurück.

befindet sich ein großer, ganzjährig geöffneter Aquapark mit Wasser aus heißen Thermalquellen. Über einen hohen Gebirgssattel, der einen phantastischen Ausblick über die gesamte Liptauer Region und die umliegenden Berge bietet, gelangt man von hier aus auf die andere Seite der West-Tatra, die zur Region Orava (Arwa) gehört. Eines der Tore in diesen Gebirgsteil ist das Dorf Zuberec, bei dem Roháčská dolina, das größte und schönste Tal der West-Tatra beginnt. Dieses wunderschöne, knapp zehn Kilometer lange und von Dolomitbergen umgebene Tal ist von Gletschern gebildet worden und bietet wunderbare Bedingungen für Wandertouren und Langlauf. Wegen seiner seltenen Flora und Fauna ist es ein Schutzgebiet. Am Ende des Tales befinden sich vier Gebirgsseen und mehrere Wasserfälle. Das ebenfalls im Tal zu findende Schizentrum ist dank seiner nördlichen Lage bis Ende April geöffnet. In wunderschöner Natur wurde an der Talmündung das Museum des Orava-Dorfes errichtet. Es beherbergt über sechzig kostbare Objekte der Volksarchitektur aus der ganzen Region. Im Amphitheater daneben findet jedes Jahr im August ein Folklore-Festival statt. Nach einer anstrengenden Schi- oder Wandertour tut ein Bad im heißen Thermalwasser des nahe gelegenen Oravice gut. Auch dieser Ort ist Ausgangspunkt in weitere herrliche Täler der West-Tatra.

te Höhenunterschiede aufweist. Der wahrscheinlich am besten zum Rafting geeignete Fluss der Slowakei ist die mehrere Bäche von der Südseite des Gebirges einfangende Belá. Vor allem zur Schneeschmelze in den Frühlingsmonaten verwandelt sie sich in einen wilden Strom voller Felshindernisse. Die Belá fließt am Dorf Pribylina vorbei, wo im Museum des Liptauer Dorfes wertvol-

Wander- und Schitouren

Die Täler und der Hauptkamm der West-Tatra eignen sich ideal für Schitouren, weil die Höhenunterschiede nicht so groß wie in der Hohen Tatra sind. Das einzige Schizentrum hat dank seiner nördlichen Ausrichtung und den rauen Wintern eine der längsten Saisonen des Landes.

le Objekte aus den beim Bau des größten slowakischen Stausees Liptovská Mara überfluteten Gemeinden gesammelt wurden. So kann man hier typische Holzhäuser aus den vergangenen Jahrhunderten ebenso wie kostbare Kirchen und ein mittelalterliches Schloss bewundern. Mit einer Reihe von Aktivitäten werden Urlauber während des ganzen Jahres angelockt. Der Stausee Liptovská Mara selbst ist ein wichtiges Touristenzentrum und bei Wassersportlern sehr beliebt. An seinem Nordrand

Traditionelle Architektur

Im Museum des Orava-Dorfes am Fuße des Gebirges wurden kostbare Objekte aus der ganzen Region konzentriert. Im örtlichen Amphitheater findet jeden August ein Folklorefestival statt.

Ostslowakei

Mittelalterliche Städte
Majestätische Gipfel
Unterirdische Welt
Holzkirchen

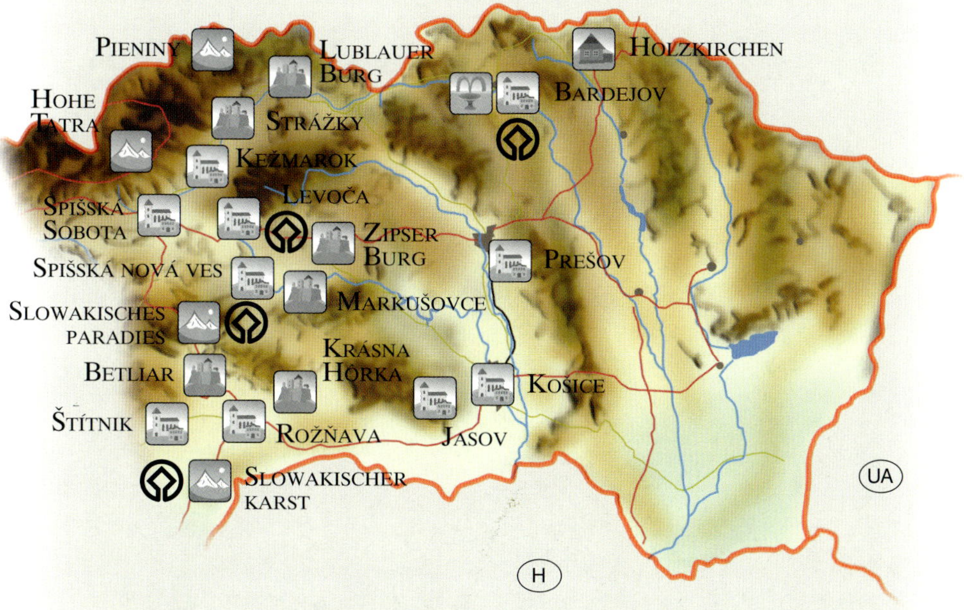

- Pieniny
- Lublauer Burg
- Holzkirchen
- Hohe Tatra
- Strážky
- Bardejov
- Kežmarok
- Levoča
- Spišská Sobota
- Zipser Burg
- Prešov
- Spišská Nová Ves
- Markušovce
- Slowakisches Paradies
- Krásna Hôrka
- Betliar
- Košice
- Štítnik
- Rožňava
- Jasov
- Slowakischer Karst

Ostslowakei

Hohe Tatra

Das einzigartige Hochgebirgsmassiv Hohe Tatra breitet sich im Norden der Slowakei, an der Grenze zu Polen aus. An Fläche zwar relativ klein, ist es dennoch das höchste Gebirge des langen Karpatenbogens und des östlichen Mitteleuropa. Ohne Vorgebirge steigt die Hohe Tatra wie eine Mauer aus Granit 2.000 Meter hoch aus dem breiten Poprader (Deutschendorfer) Becken auf, wobei ganze 25 Gipfel über 2.500 m Höhe reichen. Höchster Berg der Slowakei und der ganzen Karpaten ist die Gerlsdorfer Spitze (Gerlachovský štít) mit 2.655 m. Die Hohe Tatra ist als größter Touristenmagnet des Landes ganzjährig beliebt und gilt als Symbol für die Slowakei, auf das die Slowaken zu Recht stolz sind. Zugleich ist sie das einzige Gebirge alpinen Charakters in der Slowakei und unterscheidet sich deutlich von allen anderen. Auf relativ kleiner Fläche ist hier eine große Zahl von verschiedensten Naturschönheiten konzentriert. Und dank des besonderen Gebirgsreliefs kann man in relativ kurzer Zeit in eine herrliche Landschaft aus von Gletschern geformten tiefen Tälern mit einer wildromantischen Szenerie seltener Flora und Fauna gelangen. In den 35 Tälern lie-

Die Hohe Tatra ist das einzige Hochgebirge alpinen Charakters in der Slowakei.

Die Siedlungen der Hohen Tatra erlebten ihren größten Aufschwung im 19. Jh. und ergänzen die wunderbare Naturszenerie der höchsten slowakischen Berge.

OSTSLOWAKEI

Nicht wegzudenken von der Hohen Tatra sind die beliebten Berghütten.

ßen die Gletscher über 100 Gebirgsseen zurück. Zu den zahlreichen in Wäldern und Tälern der Tatra beheimateten, sonst seltenen Tieren gehören Bären, Wölfe, Luchse und Fischotter in den tieferen Lagen. In größerer Höhe leben Gämsen und Murmeltiere, und in den unzugänglichen Felsen darüber nisten Adler. Zum Schutz dieses natürlichen Reichtums wurde die Hohe Tatra 1949 zum ersten slowakischen Nationalpark erklärt.

Die Anfänge der touristischen Entdeckung der Tatra reichen ins Jahr 1565 zurück, als Burgherrin Beata Laski aus der Burg Kežmarok (Kesmark) einen Ausflug hierher unternahm. Die erste Beschreibung einer Gipfelbesteigung stammt aus dem Jahr 1615 vom Gelehrten David Fröhlich aus Kežmarok. Allmählich wagten sich danach viele weitere, auch ausländische Abenteurer in die Wildnis der Tatra. Obwohl die älteste Gebirgssiedlung Starý Smokovec, ursprünglich Schmecks, schon 1793 als Kurort gegründet wurde, kamen erst ab dem 19. Jh. Touristen in größerer Zahl hierher, vor allem nach der Eröffnung der Eisenbahnlinie unterhalb der Tatra im Jahr 1871. In den folgenden Jahrzehnten kam rasch eine Siedlung nach der anderen hinzu, bis allmählich die heutige Gemeindenkette am Fuße des Gebirges entstand. Anfangs kamen Touristen zur Heilung hierher, weshalb die meisten Gebäude Sanatorien waren. Ende des 19. Jh. waren die bekanntesten Fremdenverkehrszentren Štrbské Pleso (Tschirmer See) im westlichen Teil, Starý Smokovec (Altschmecks) in der Mitte und Tatranská Lomnica (Tatralomnitz) im Osten der Hohen Tatra. Einen weiteren Aufschwung brachte dann der Anschluss aller wichtigen Tatra-Gemeinden an die Eisenbahn in den Jahren 1895 bis 1912. Dank der besseren Erreichbarkeit strömten immer mehr Menschen nicht nur zur Heilung in die Tatra, sondern auch um in die Berge zu wandern. So entstand eine

Die Träger der Hohen Tatra

Eine lange Tradition haben in der Hohen Tatra Träger, die im Sommer wie Winter die schwer zugänglichen Berghütten versorgen. Bei einem nicht selten mehrstündigen Aufstieg führt ein Träger bis zu 100 kg mit sich. Dank dieser Enthusiasten gibt es auch hoch in den Bergen Bier vom Fass.

Die Hohe Tatra erhebt sich ohne Vorgebirge 2.000 m über die Umgebung.

OSTSLOWAKEI

Vielzahl von Hotels, Pensionen und Privatvillen. Am größten und luxuriösesten waren die von der belgischen Firma Wagons Lits Cook 1904-06 errichteten Grandhotels, die noch heute das Ortsbild der Tatra-Gemeinden prägen. Aus den ursprünglichen Kursiedlungen wurden allmählich Wintersportzentren mit Rodelbahnen, Eislauf- Tennis- und Golfplätzen, einer Pferderennbahn und anderen Sportanlagen. Ende des 19. Jh. wurde mit dem Aufbau des heute bereits auf fast 360 km ausgedehnten Netzes markierter Wanderwege bis hoch in die Berge begonnen. Die immer größer werdende Zahl von Berg-

Das Dorf Ždiar hat sich viele typische bemalte Holzhäuser bewahrt.

Reiche Flora
Die Beler Kalkalpen bestehen im Unterschied zur granitenen Hohen Tatra aus Kalkgestein. Der nährstoffreiche Boden ermöglicht eine sehr vielfältige und reiche Flora.

touristen machte den Bau von Schutzhütten notwendig. Die höchste Berghütte mit ganzjährigem Betrieb ist die 1899 errichtete und 2.015 m hoch gelegene Téry-Hütte. Schon 1935 fanden in Štrbské pleso nordische Weltmeisterschaften statt. 1940 wurde eine Seilbahn auf den mit 2.632 m zweithöchsten Gipfel der Hohen Tatra, die Lomnitzer Spitze (Lomnický štít), gebaut, die bis 1958 die weltweit längste Seilbahn ohne Zwischenstützen war. Einen großen Aufschwung erlebte die Tatra 1970, als für eine weitere Weltmeisterschaft neue Hotels gebaut und die Infrastruktur verbessert wurden.

Im Osten schließen an die Granitberge der Hohen Tatra die im Unterschied zu diesen vorwiegend aus Kalk

Stolz auf die Tradition
Im Dorf Ždiar unter den Beler Kalkalpen sind neben traditioneller Architektur auch lokale Bräuche und reich verzierte Trachten erhalten geblieben. Die Einheimischen sprechen einen Dialekt, der an das Polnische erinnert.

bestehenden Beler Kalkalpen (Belianske Tatry) an. Sie sind zwar der kleinste Teil des Gebirges, haben aber dank ihrer geologischen Grundlage die bunteste Pflanzenwelt. Unter den zahlreichen Höhlen dieses Gebirgsteils ist als einzige die wunderschöne Beler Tropfsteinhöhle (Belianska jaskyňa) zugänglich. Sie war zwar schon den Goldgräbern des 18. Jh. bekannt, was Inschriften in der Höhle belegen, wurde aber erst 1882 für die Allgemeinheit geöffnet. Unter den beiden höchsten Bergen (2.152 m) der Beler Kalkalpen erstreckt sich das im 17. Jh. von Hirten gegründete Dorf Ždiar. Es zeichnet sich durch seine lebendige Folklore und gut erhaltene Volksarchitektur mit typischen, mit farbigen Ornamenten be-

Die typische Silhouette der Beler Kalkalpen vervollkommnen verstreute traditionelle Ansiedlungen.

OSTSLOWAKEI

malten Holzhäusern aus. Die Bewohner sprechen den eigenartigen slawischen Dialekt der Goralen und leben heute dank eines bekannten Schizentrums vor allem vom Tourismus.

SPIŠSKÁ SOBOTA

Spišská Sobota (Georgenberg) gehört heute zur Stadt Poprad (Deutschendorf, 56.000 Einw.), die als Zusammenschluss mehrerer ursprünglich selbständiger Zipser Gemeinden entstand und heute als wirtschaftliches und administratives Zentrum der Tatraregion fungiert. Das 1256 erstmals erwähnte Poprad gehörte zu den 15 Zipser Städten, die 1412 – 1772 an Polen verpfändet wurden. Bedeutung gewann die Stadt durch den Bau der Eisenbahn im 19. Jh., mit der die Entwicklung von Tourismus und Industrie einher ging. Heute profitiert die Stadt als Tor zur Tatra vor allem aus dem Fremdenverkehr der Region. Dazu trägt auch ein großer neuer, ganzjährig geöffneter Aquapark mit heißem Thermalwasser und zahlreichen Attraktionen bei.

Die gut erhaltene und von den Einflüssen des 20. Jh. weitgehende unberührte Handwerksstadt Spišská Sobota hatte bis zum 19. Jh. eine dominante Position unter den Städten, die heute Poprad bilden. Nach Renovierungen wurde der Ort zu einem bevorzugten Reiseziel für Liebhaber von Geschichte und Kunst. Das Stadtrecht erhielt das bis zum 20. Jh. wie auch die anderen Zipser Städte von den Zipser Deutschen bewohnte Spišská Sobota 1271. In den Jahren 1545 und 1775 wurde es von Feuersbrünsten verwüstet. Sein nach dem darauf folgenden Wiederaufbau erhaltenes architektonisches Gepräge bewahrte es bis heute unverändert. Am kostbarsten

Das wichtigste Baudenkmal ist die Georgskirche in der Mitte des Platzes.

Den Hauptplatz von Spišská Sobota umgeben gut erhaltene Handwerkerhäuser.

Das Kircheninnere birgt wahre Schätze: fünf kostbare gotische Altäre.

OSTSLOWAKEI

ist die St. Georgskirche am höchsten Punkt des langgestreckten Hauptplatzes, den Bürgerhäuser aus dem 16. und 17. Jh. mit den für die Region Spiš (Zips) typischen sattelförmigen Schindeldächern säumen. Die Kirche stammt aus dem 13. Jh. und wurde im 15. Jh. gotisch umgestaltet. Ihr gut erhaltener Innenraum birgt als wahre Schätze fünf wertvolle spätgotische Altäre aus der Wende vom 15. zum 16. Jh., von denen der Hauptaltar (1516) aus der Werkstatt des Meisters Paul aus Levoča (Leutschau) stammt. Neben der Kirche steht ein für die Zips typischer Renaissance-Glockenturm aus dem Jahr 1598, der später barock umgebaut wurde. Eine Wiederbelebung verdankt Spišská Sobota auch den gemütlichen Hotels und Pensionen, die in den Bürgerhäusern des Hauptplatzes entstanden.

KEŽMAROK

Am Fuß der majestätischen Hohen Tatra liegt die Stadt Kežmarok (Kesmark, 18.000 Einw.), eines der historischen Zentren der Region Spiš (Zips). Die Stadt entstand durch die Fusion dreier Siedlungen im

Das größte Gebäude von Kežmarok ist die gotische Burg aus dem 14. Jh.

13. Jh. und erhielt schon 1269 das Stadtprivileg. Ihren Aufschwung verdankte sie deutschen Siedlern, die ihre günstige Lage am Handelsweg vom Orient nach Nordeuropa für Handel und Gewerbe nützten. Schon im 15. Jh. hatte Kežmarok mehr als 40 Zünfte und gehörte damit zu den höchstentwickelten Städten des Königreichs Ungarn. 1358-1570 kämpfte die Stadt erfolglos im so genannten 200-jährigen Krieg gegen das nahe Levoča

Glockentürme in der Zips

Typisch für die meisten Städte der Zipser Region sind Renaissance-Glockentürme neben den Kirchen. An vielen blieb die ursprüngliche Sgraffitoverzierung erhalten.

(Leutschau) um das Stapelrecht, eine der Quellen des Reichtums mittelalterlicher Städte. Das direkt in der Stadt befindliche Schloss wurde ursprünglich als gotische Burg im 14. Jh. errichtet und mit der Stadt durch eine gemeinsame Befestigung verbunden. An der Wende vom 16. zum 17. Jh., als die Burg der Familie Thököly gehörte, wurde sie im Renaissancestil zur heutigen Gestalt umgebaut. Den wertvollsten Teil bildet die 1658 erneuerte Kapelle. Gut erhaltene Händler- und Handwerkerhäuser im gotischen, Renaissance- und Barockstil prägen die Stadt. Weitere Dominante der Stadt außer der Burg ist die gotische Kirche zum Heiligen Kreuz

Zu den Dominanten der Stadt gehört die gotische Kirche zum Heiligen Kreuz aus dem 15. Jh.

aus dem 15. Jh. mit gotischen Altaren aus der Werkstatt des Meisters Paul aus Levoča. Daneben steht einer der schönsten Renaissance-Glockentürme der Spiš / Zips

Ostslowakei

aus dem Jahr 1591 mit gut erhaltener Sgraffitoverzierung, der in der Zeit des evangelischen Besitzes der Kirche (1548-1673) gebaut wurde. Das ursprünglich gotische, nach einem Brand im 16. Jh. im Renaissancestil umgebaute Rathaus der Stadt wurde Ende des 18. Jh. nach einem weiteren Brand in den bis heute bestehenden klassizistischen Stil umgebaut. Die schönsten Bürgerhäuser stehen um die benachbarte Redoute aus dem Jahr 1808.

Gerade jene Gebäude, die sich die evangelische Bevölkerung vor den Toren der Stadt errichtete, gehören zu den herausragendsten. Die bezaubernde evangelische Holzkirche wurde 1717 von nordeuropäischen Zimmerern ohne einen einzigen Nagel erbaut. Der kostbare hölzerne Innenraum mit frühbarocken Malereien und einer Orgel aus Holz erfasst über 1.500 Menschen. Das benachbarte, aus dem 18. Jh. stammende Gebäude des schon 1531 gegründeten evangelischen Lyzeums beherbergt eine wertvolle, 1776 entstandene Schulbibliothek mit 150.000 Bänden. Die neue evangelische Kirche daneben wurde nach Plänen von Theophil Hansen, dem Architekten des Wiener Parlaments, in ungewöhnlichem orientalischem Stil erbaut. In ihr befindet sich die Grabkapelle von Emmerich Thököly, dem Führer eines antihabsburgischen Aufstands.

Mit Kežmarok verbunden ist die touristische Entdeckung der Hohen Tatra. Die Burgherrin von Kežmarok, Beata Laski, unternahm 1565 den ersten bekannten Ausflug dorthin. Noch heute gehört Kežmarok zu den Ausgangspunkten für Tatra-Touristen. An seine reiche Handwerkstradition erinnert jedes Jahr Anfang Juli der größte slowakische Handwerksmarkt als Touristenmagnet.

Die evangelische Holzkirche

Eine der größten Sehenswürdigkeiten von Kežmarok ist die große evangelische Holzkirche aus dem Jahr 1717. Die Protestanten durften damals ihre Kirchen nur außerhalb der Städte und ganz aus Holz errichten. Es gibt hier keinen einzigen Nagel und sogar die Orgel ist aus Holz.

Die einzigartige evangelische Holzkirche fasst mehr als 1.500 Menschen.

Strážky

Zu den Sehenswürdigkeiten in unmittelbarer Umgebung von Kežmarok gehört zweifellos das Schloss Strážky (Nehre) mit seinem ausgedehnten englischen Park. Als Wachstation am Handelsweg nach Polen entstanden, gehört die Gemeinde zu den ältesten der Region. 1556 bekam sie Marcus Horvath Stansith de

Nicht weit von Kežmarok befindet sich das Renaissanceschloss Strážky aus dem 16. Jh.

OSTSLOWAKEI

Gradecz vom König als Dank für seinen Einsatz gegen die Türken. Das heutige Schloss ließ 1570-1590 sein Sohn Gregor Horvath im Renaissancestil unter Einbeziehung zweier Basteien der älteren gotischen Burg aus dem 15. Jh. errichten. Der hochgebildete Gregor Horvath gründete hier eine für damals fortschrittliche und von 1584 bis 1711 tätige evangelische höhere Schule, die Adelskinder auf das Hochschulstudium vorbereitete. Im 18. Jh. wurden ein vierter Flügel und Hofarkaden angebaut. Ladislaus Mednyánszky (1852-1919), der als Familiennachkomme einen Teil seines Lebens hier verbrachte, wurde später ein berühmter europäischer Landschafts- und Porträtmaler. Außer seinen Bildern ist im heute zur Slowakischen Nationalgalerie gehörenden Schloss auch die kostbare Bibliothek des Barons Eduard Mednyánszky zu bewundern.

In Levoča ergänzen sich auf jedem Schritt verschiedene Architekturstile.

LEVOČA

Im Herzen der historischen Region Spiš (Zips), östlich der Hohen Tatra, befindet sich das malerische Levoča (Leutschau, 10.000 Einw.) als eine der am besten erhaltenen historischen Städte der Slowakei. Das relativ kleine Gebiet der Zips zeichnet sich durch die höchste Konzentration kunsthistorischer und architektonischer Sehenswürdigkeiten des Landes aus. Levoča als seine Perle wartet erst auf seine Entdeckung durch ausländische Touristen.

Ihren Reichtum verdankte die Stadt der günstigen Lage am wichtigen Handelsweg nach Polen und den vom König herbeigerufenen deutschen Siedlern. Im 13. Jh. entwickelte sich Levoča zur bedeutendsten Stadt der Zipser Region und wurde 1271 Sitz einer Union von 24 Zipser Städten. Anfang des 14. Jh. begann mit der Erhebung zur freien Königsstadt die wirtschaftliche Blüte mit ihrem Höhepunkt im 15. und 16. Jh. als Glanzzeit des Handels und Gewerbes. Die Stadt zog Künstler und Handwerker an, die hier Meisterwerke schufen. Auch ein Großbrand 1550, bei dem viele gotische Gebäude und das reiche Stadtarchiv unwiederbringlich zerstört wurden, konnte den Aufschwung nicht stoppen, sondern führte zu einer Erneuerung der Stadt im Renaissancestil. Levoča wurde ein Zentrum der Reformation mit bekannten Buchdruckereien. Im 17. und 18. Jh. begann in der Zeit antihabsburgischer Aufstände ein Niedergang, der 1871 darin gipfelte, dass die Stadt von der Haupteisenbahnlinie ausgelassen wurde. Diese Stagnation trug aber gerade dazu bei, dass Levoča sein einzigartiges historisches Stadtbild bewahrte. Die von einer großteils erhalten gebliebenen mittelalterlichen Stadtmauer umgebene Stadt dominiert der Hauptplatz mit der Jakobskirche, dem Rathaus und der evangelischen Kirche. Die Pfarrkirche St. Jakob

In der Platzmitte stehen das Renaissance-Rathaus und die gotische Jakobskirche.

OSTSLOWAKEI

Levoča gehört zu den besterhaltenen mittelalterlichen Städten der Slowakei.

wurde Ende des 14. Jh. erbaut und ist die zweitgrößte gotische Kirche der Slowakei. Allein schon der Umfang der Wandmalereien aus dem 14. Jh. in ihrem einzigartig erhaltenen Innenraum ist überwältigend. Der erste Zyklus zeigt in 14 Bildern die sieben barmherzigen Taten und die sieben Todsünden, der zweite Zyklus in 20 Bildern die Legende der Dorothea. Von vollends unschätzbarem kunsthistorischem Wert sind aber die 15 Altäre in zumeist gotischem und Renaissancestil. Gleich fünf von ihnen sind Werke des Meisters Paul aus Levoča, der neben Riemenschneider, Stoss und Pacher zu den größten Schnitzern der mitteleuropäischen Spätgotik gehört. Sein Meisterwerk ist der größte erhaltene gotische Altar der Welt, ein 18,6 m hoher und sechs Meter breiter Holzschnitzaltar aus den Jahren 1507-1517. Neben der Kirche befindet sich das herrliche, 1551-1559 fertig gestellte gotische Rathaus mit einem im Renaissancestil eingerichteten großen Sitzungssaal. Der nebenstehende Glockenturm aus der Mitte des 17. Jh. wurde im 18. Jh. ein Teil des Rathauses. Im Schandkäfig aus dem 16. Jh. an der Rathausecke wurden Übeltäter dem Hohn der Öf-

> ### Meister Paul
>
> *Schöpfer zahlreicher wertvoller Altäre in den Kirchen der Mittel- und Ostslowakei ist Meister Paul aus Levoča. Er gehört zu den bedeutendsten spätgotischen Schnitzern Mitteleuropas.*
>
>

fentlichkeit ausgesetzt. Ebenfalls in der Platzmitte steht die 1825-1837 im klassizistischen Stil erbaute große evangelische Kirche. Unter den mehr als 60 den Platz umgebenden, meist im Kern aus dem 14. und 15. Jh. stammenden Großbürgerhäusern sticht besonders das Thurzo-Haus hervor. Es entstand im 16. Jh. durch die Verbindung zweier gotischer Häuser, erhielt aber erst Anfang des 20. Jh. seine reiche Sgraffitofassade. Das Haus des Meisters Paul hinter der Kirche, ursprünglich gotisch aus dem 15. Jh., mit einer Renaissancefassade,

Der einzigartig erhaltene Innenraum der Jakobskirche birgt zahlreiche Kunstschätze. Der Hauptaltar ist der höchste gotische Altar der Welt.

Ostslowakei

beherbergt heute das ihm gewidmete Museum. Gegenüber dem Rathaus steht das außergewöhnliche Krupek-Haus mit wunderbar erhaltenen Fassadenmalereien aus dem 16. Jh. Sehr schöne Renaissance-Arkadenhöfe bewahrt haben sich die Häuser der Familien Mariássy, Spillenberger und Schwab. Das letztere dient heute als Hotel. Die Silhouette der Stadt prägt bis heute die Stadtmauer aus dem 14.-17. Jh., die großteils erhalten blieb, mit einer Länge von zwei Kilometern sowie mit sechs Basteien und drei Toren. Ein markierter Fußweg führt aus Levoča auf die Marienhöhe oberhalb der Stadt. Die dortige, ursprünglich kleine Wallfahrtskapelle Basilika Minor ist heute Ziel der größten Wallfahrten der Slowakei. Während des kommunistischen Regimes stellten sie einen Massenprotest gegen die Mächtigen dar, und 1995 nahm daran auch Papst Johannes Paul II. teil.

ZIPSER BURG

Die Zipser Burg (Spišský hrad) ist mit ihrer Ausdehnung von vier Hektar eine der größten Burganlagen Mitteleuropas. Die Anfang des 13. Jh. entstandene Obere Burg mit hohem Rundturm und romanischem Palast hat gemeinsam mit der gotischen Burgkapelle aus dem 15. Jh. ihre ursprüngliche Raumgestaltung bewahrt. Die im 14. Jh. weitgehend umgebaute, ursprünglich zur Gänze romanische Burg war zunächst königliches Eigentum. Doch 1464 kam sie durch Schenkung an die Familie Zapolya, die nach der Schlacht von Mohács 1526 mit den Habsburgern um die Macht rivalisierte. Johann Zapolya, der auf der Burg auch geboren wurde, war der letzte ungarische König, bevor sich die Habsburger endgültig auf dem Thron durchsetzten. Zuletzt gehörte die Burg der Familie Csáky, die aber ab Anfang des 18. Jh. ihre umliegenden Schlösser (Hodkovce, Bijacovce) be-

Die Martinskathedrale in Spišská Kapitula

Die weit in die Umgebung sichtbare Zipser Burg ist eine der größten Burgen Mitteleuropas.

OSTSLOWAKEI

vorzugte und nicht mehr auf der Burg wohnte. Nur eine militärische Besatzung blieb noch auf der Burg, bis diese durch einen Großbrand im Jahr 1780 zur Ruine wurde. Auf dem gegenüberliegenden Martinshügel erhebt sich das Zipser Kapitel (Spišská Kapitula), dessen Anfänge bis ins 11. Jh. reichen, als hier ein größeres Benediktinerkloster stand. Seit Ende des 12. Jh. war es Sitz einer Probstei und ab 1776 eines Bischofs. Dieses ein-

Die interessante Silhouette der Heiliggeistkirche in Žehra

zigartige Kirchenstädtchen besteht aus Kanonikerhäusern, Bischofspalast, Priesterseminar und einer Kathedrale und wurde erst Mitte des 17. Jh. befestigt. Bis heute hat es seine geistliche Bestimmung behalten und wirkt äußerlich, als wäre hier die Zeit stehen geblieben. Die romanisch-gotische Martinskathedrale als Dominante der Umgebung und zugleich eine der bedeutendsten Kirchen der Slowakei wurde in den Jahren 1245 – 1275 erbaut. Allmählich kamen dann Kapellen und ein Umbau hauptsächlich im 15. Jh. hinzu. 1488-99 wurde die gotische Grabkapelle der Familie Zapolya dazugebaut. Von den ursprünglich 13 gotischen Altären blieben fünf außergewöhnliche Stücke aus der zweiten Hälfte des 15. Jh. erhalten. Ebenfalls erhalten blieben kostbare Wandmalereien aus dem Jahr 1317, die die Krönung Karl Roberts von Anjou zum ungarischen König darstellen, und der so genannte Leo albus, die Steinfigur eines weißen Löwen aus dem 13. Jh., ursprünglich Teil eines heute nicht mehr bestehenden Südportals der Kirche. Gegenüber der Kathedrale steht der Bischofspalast mit romanischem Kern aus dem 13. Jh. Er wurde über die Jahrhunderte mehrmals umgebaut bis er seine

aus den Jahren 1753-1766 stammende heutige Gestalt erhielt. Eine Reihe schöner Häuserfassaden mit interessanten Details finden wir an der einzigen Straße des Städtchens, die vom Uhrturm aus dem Jahr 1739 zum Eingang in die französischen Gärten des Palastes führt. Die natürliche Umgebung der Burg bildet der von der UNESCO als Biosphäre-Reservat geschützte und von steilen, 50 Meter hohen Felswänden gesäumte Travetinhügel Dreveník. Von dem über ihn führenden markierten Wanderweg lässt sich die einzigartige Flora ebenso bewundern wie Ausblicke auf die Burg und bei gutem Wetter auch auf die Hohe Tatra.

In Sichtweite von der Zipser Burg befindet sich hinter dem Dreveník das Dorf Žehra (Schigra). Es ist bekannt für seine 1245 – 75 erbaute Heiliggeistkirche, ein typisches Bauwerk der Übergangszeit von der Romanik zur Gotik, mit einem charakteristischen Zwiebeldach

Großflächige mittelalterliche Wandmalereien bedecken den Großteil des Kircheninnenraumes in Žehra.

aus dem 18. Jh. und als wertvollstem Teil großflächigen Wandmalereien im Inneren. Diese erstrecken sich über den Großteil der Innenwände, das ganze Presbyterium und einen Großteil des Kirchenschiffs. Sie bestehen aus fünf Gruppen, die im 13.-15. Jh. von italienischen Meistern als komplexes ikonografisches Programm geschaffen wurden und durch ihre byzantinischen Elemente hervorstechen. Wegen der Einzigartigkeit dieser romanisch-gotischen Objekte wurde die Zipser Burg mitsamt ihrer Umgebung, dem Zipser Kapitel und Žehra zu Recht in die UNESCO-Liste des Weltkulturerbes eingetragen.

OSTSLOWAKEI

SPIŠSKÁ NOVÁ VES

Spišská Nová Ves (Zipser Neudorf, 40.000 Einw.) gehört heute zu den größten Städten der Region Zips. Im Mittelalter stand sie jedoch im Schatten der damals wirtschaftlich bedeutenden, heute aber kleineren Städte Levoča (Leutschau) und Kežmarok (Kesmark). Nach dem verheerenden Tatareneinfall rief König Bela IV. deutsche Kolonisten zum Wiederaufbau der Wirtschaft ins Land. Erstmals schriftlich erwähnt wurde der Ort im Jahr 1268 als Villa Nova und gehörte später zum Bund der 24 Zipser Städte. Königliche Privilegien ermöglichten eine schnelle Entwicklung mit dem Bergbau als dominantem Wirtschaftszweig. 1412 – 1772 wurde Spišská Nová Ves gemeinsam mit 15 anderen Zipser Städten an Polen verpfändet und wurde danach Provinzialsitz. Der Anschluss an die Haupteisenbahnlinie im Jahr 1871 bewirkte die weitere ökonomische Entwicklung. Das Zentrum der Stadt bildet ein linsenförmiger Platz, der zu den längsten der Slowakei gehört.

Die Kirche hat mit 87 m den höchsten Turm der Slowakei.

Da seine Achse von West nach Ost führt, ist eine Seite immer hell und eine dunkel und sie erhielten deshalb die Namen Sommer- bzw. Winterstraße genannt. In der Platzmitte steht die weithin sichtbare gotische Pfarrkirche aus dem 14. Jh. mit dem höchsten Turm der Slowakei (87 m), von dem man bei gutem Wetter bis zur Hohen Tatra sehen kann. Nach einem Brand und Erdbeben im 15. Jh. wurde die Kirche mehrmals umgebaut. Trotzdem blieben im Inneren einzigartige gotische Werke, unter anderem von Meister Paul aus Levoča, erhalten. Wertvoll sind auch die Renaissance-Wandmalereien von Anfang des 16. Jh. und die schönen Steinmetzarbeiten des gotischen Südportals. Ebenfalls in der Platzmitte steht die Ende des 18. Jh. im klassizistischen Stil gebaute evangelische Kirche, die eine ursprüngliche evangelische Holzkirche ersetzte. Ein elegantes Gebäude im klassizistischen Stil ist auch das Rathaus aus dem Ende des 18. Jh. mit einem über zwei Stockwerke reichenden Repräsentationssaal. Zu den schönsten Gebäuden der Stadt gehört zweifellos die Redoute aus den ersten Jahren des 20. Jh. im Stil der Sezession mit zwei Türmen und einer Kuppel. Heute befindet sich darin das Zipser Theater. Unter den vielen reich geschmückten Häusern am Platz sticht das Provinzialhaus hervor. Dieses im Kern mittelalterliche Gebäude diente ursprünglich als Rathaus und wurde 1763-65 im Rokokostil zum Provinzialsitz der 16 Zipser Städte umgebaut. Zwischen den Fenstern der reich geschmückten Ornamentfassade sind sechs allegorische Reliefs zu sehen, die die Regeln für Beamte verdeut-

Das Provinzialhaus hat eine reich verzierte Rokoko-Fassade.

OSTSLOWAKEI

Die Kirche zum heiligen Ladislaus in Spišský Štvrtok

lichen. Jedes Jahr im Juli lässt sich die traditionelle Atmosphäre der Stadt erleben, wenn auf dem Hauptplatz der historische Zipser Markt abgehalten wird. Spišská Nová Ves ist Ausgangspunkt in eine der schönsten Ekken des Landes, den Nationalpark Slowakisches Paradies.

Nur wenigen Kilometer westlich der Stadt befindet sich der Ort Spišský Štvrtok (Donnersmark) mit der weithin sichtbar auf einem Hügel erbauten Kirche zum heiligen Ladislaus. Sie bestand schon vor dem Tatareneinfall 1241-42 und wurde im 15. Jh. umgebaut. Ihre Architektur ist typisch für den Übergang vom romanischen zum gotischen Stil. 1473 wurde zur Kirche eine als Grabkapelle der Familie Zapolya geplante zweigeschossige Kapelle hinzugebaut. Der bekannte Baumeister Hans Puchsbaum ließ sich von der Sainte Chapelle in Paris inspirieren, als er mit ihr einen der schönsten gotischen Bauten der Slowakei schuf.

MARKUŠOVCE

Ein paar Kilometer östlich von Spišská Nová Ves liegt der historische Ort Markušovce (Marksdorf), der vom sehr schönen Schloss der Adelsfamilie Mariássy dominiert wird. Es wurde 1643 im Renaissancestil mit vier runden Ecktürmen erbaut. 1770-75 wurden die Fassade aufwändig im Rokokostil umgestaltet und ein gleichartiger Turm dazugebaut. Am Ende des französischen Terassenparks hinter dem Schloss begann man 1778 wegen des erwarteten Besuchs von Thronfolger Joseph II. das schöne Rokoko-Pavillon Dardanella zu

Das Schloss in Markušovce mit seiner reich verzierten Fassade

bauen. Da der Besuch dann doch nicht erfolgte, wurden zunächst nur der mittlere Teil und erst in den 70-er Jahren des 20. Jh. auch die Seitenteile fertiggestellt. In den nun für Konzerte verwendeten Innenräumen blieben wertvolle Rokoko-Wandmalereien erhalten. Außerdem beherbergt das Schloss eine Ausstellung historischer Möbel, unter anderem aus der Zipser Burg.

Spišský Štvrtok

Die Ladislaus-Kirche gehört zu den bedeutenden architektonischen Dominanten der Zipser Region. Weil auf einem Hügel erbaut, ist sie weithin sichtbar. Ihre Architektur charakterisiert der Übergang vom romanischen zum gotischen Stil.

OSTSLOWAKEI

Das Gartenpavillon Dardanella wurde für den erwarteten Besuch von Kaiser Joseph II. gebaut.

SLOWAKISCHES PARADIES

Das im Osten an die Niedere Tatra anschließende Slowakische Paradies (Slovenský raj) gehört zwar zu den kleinsten Nationalparks der Slowakei und seine Berge erreichen nur eine geringere Höhe, wegen seiner außergewöhnlichen Schönheit ist es aber dennoch einer der attraktivsten. Indem das ursprüngliche Kalksteinplateau durch die von Flüssen und Bächen verursachte Erosion zerklüftet wurde, entstanden tiefe Schluchten und enge Felsentäler. Trotz seiner großen Zergliederung und felsigen Beschaffenheit ist der ganze Nationalpark dicht bewaldet und von so großen

Farbenprächtige Natur
Dank ausreichenden Wassers sind die Schluchten des Nationalparks ein Pflanzenparadies, das auch verschiedenste Insekten anlockt. Schmetterlingsliebhaber haben ebenfalls ihre Freude - hier leben über 2.100 Arten.

Raubtieren wie Braunbär, Wolf, Luchs und Wildkatze bewohnt. Ins Slowakische Paradies gelangt man hauptsächlich von drei Orten aus, von denen zwei im Norden liegen. In diesen und den umliegenden Gemeinden findet man ausreichend Unterkunftsmöglichkeiten. Von Podlesok und Čingov aus führen markierte Wanderwege direkt durch Schluchten und Felstäler auf das Gebirgsplateau. Sie verlaufen gegen den Strom der Bäche, die aus dem Plateau entspringend die bis zu 200

Meter tiefen und teils nur einen Meter breiten Schluchten formten. Sehr oft verlaufen die Wege über Leitern und Stege direkt über Bachbetten und 100 Meter hohe Wasserfälle und dürfen nur von unten nach oben begangen werden. Die ausreichende Feuchtigkeit lässt eine Vielzahl seltener Pflanzen üppig sprießen und sorgt damit für den mit über 2.100 Arten

Durch die engen Schluchten führen die Wege oft direkt durch den Bach.

größten Schmetterlingsreichtum der Slowakei. Die an vielen Stellen an einen Regenwald erinnernde urwüchsige Szenerie wird aber zur Qual, wenn man unter Höhenangst leidet oder nicht über senkrechte nasse Leitern an einem Wasserfall vorbeiklettern kann. Wer aber die wilde Natur und das Abenteuer liebt, findet hier ein wahres Paradies und wird nicht mehr weg wollen. Außergewöhnlich sind die Schluchten und Wasserfälle im Winter, wenn sich alles in ein Zauberreich aus Eis verwandelt. Durch Schluchten gelangt man auf ein Plateau mit einem Kartäuserkloster, das 1305 an einem Zufluchtsort der Zipser Einwohner vor den Tatarenan-

OSTSLOWAKEI

Viele Stellen erinnern an einen Regenwald.

OSTSLOWAKEI

Wer Abenteuer liebt, für den ist das Slowakische Paradies wirklich ein Paradies.

griffen des 13. Jh. errichtet wurde. Im 16. Jh. wurde es verlassen und verfiel, wird aber jetzt als Rastplatz und Ausgangspunkt in weitere Schluchten schrittweise erneuert. Im Norden des Nationalparks entspringt der Fluss Hornád (Hernad), der hier ein herrliches, 13 km langes Felsental mit Mäandern gegraben hat, das stellenweise nur wenige Meter breit, aber 150 Meter tief

Die Eisdicke in der Dobschauer Eishöhle erreicht 26 m.

ist. Für Kanufahrer bieten nur wenige Orte eine schönere Szenerie. Im Winter kann man auf Schiern über den zugefrorenen Fluss durch das Engtal wandern. Von der Südseite des Nationalparks ist der Ort Dedinky ein Ausgangspunkt für Wanderungen und lässt einen auch auf leichtere Weise, über einen zwei Kilometer langen Sessellift in die Berge gelangen. Der Ort bietet an einem sehr schönen Wasserspeicher vielfältige Wassersportmöglichkeiten inmitten eines grü-

Die Ruinen des Kartäuserklosters aus dem 14. Jh.

nen Tals. Die größte Attraktion dieses Teils des Slowakischen Paradieses ist aber die Dobschauer Eishöhle (Dobšinská ľadová jaskyňa), eine der bedeutendsten Eishöhlen der Welt, die seit 1871 öffentlich zugänglich ist und schon 1887 als erste Höhle in Europa elektrisch beleuchtet wurde. Das Innere der wegen ihrer Einzigartigkeit im Jahr 2000 in die UNESCO-Liste des Weltnaturerbes aufgenommenen Höhle ist von einer bis zu 26 m dicken Eisschicht bedeckt und voll von Stalagmiten und verschiedensten Tropffiguren aus Eis. Ihr größter Innenraum ist der mit seinen 72x42 m an eine Eislaufhalle erinnernde Große Saal. Es gibt wenig andere Orte in der Slowakei mit einer so großen Konzentration vielfältigster Naturschönheiten auf so kleinem Raum. Wanderer ebenso wie Radfahrer, für die ebenfalls markierte Wege angelegt wurden, werden nach einigen Tagen Aufenthalt nicht mehr daran zweifeln, dass diese Ecke des Landes zu Recht den Namen Slowakisches Paradies trägt.

OSTSLOWAKEI

LUBLAUER BURG

Nahe der polnischen Grenze erhebt sich in der nördliche Zips über dem historischen Städtchen Stará Ľubovňa (Altlublau) eine Grenzburg aus dem 13. Jh., die die Nordgrenze des Königreichs Ungarn und den wichtigen Handelsweg nach Polen bewachte. Ihr ältester Teil sind der frühgotische Rundturm und gotische Palast auf der Spitze des Felsens. Dazu kamen während des 14. Jh. mit Eigentümerwechseln weitere Zubauten. Der ungarische König Sigismund von Luxemburg verpfändete die Burg 1412 zur Finanzierung von Kriegen zusammen mit 15 Zipser Städten an Polen. Sein Treffen mit dem polnischen König Ladislaus aus der Familie der Jagellonen, von dem er sich Geld lieh, fand auf dieser Burg statt. Als der Polenkönig das Nutzungsrecht bis zur Rückzahlung der geliehenen Summe erhielt, ahnte noch niemand, dass dies mehr als drei Jahrhunderte dau-

Bei gutem Wetter ist von der Burg die Hohe Tatra zu sehen.

ern werde. Die verpfändeten Ländereien wurden von einem Statthalter des polnischen Königs von der Burg aus verwaltet und erlebten eine Zeit der Prosperität. Während der Türkenkriege im 16. Jh. wurde die Burg aufwändig im Renaissancestil umgebaut. Und während der späteren schwedischen Okkupation Polens wurden hier 1655-1661 die polnischen Kronjuwelen aufbewahrt. Erst 1772 wurde das ganze Gebiet wieder an Ungarn zurück gegeben, womit die Burg ihre Bedeutung verlor und zu verfallen begann. Nach einer teilweisen Renovierung erfreut sie sich heute großen Besucherinteresses. Bei gutem Wetter bietet sich von der Burg ein zauberhafter Blick auf die mächtige Hohe Tatra. Die besondere Atmosphäre der Umgebung wird durch eine Ausstellung der Volksarchitektur unterhalb der Burg ergänzt. Abrunden lässt sich ein Besuch dieser Region mit

Unter der Burg befindet sich eine Ausstellung der Volksarchitektur.

einem Ausflug in den nahegelegenen wunderschönen Nationalpark Pieniny.

PIENINY

Pieniny heißt ein relativ kleines Gebirge bis zu einer Höhe von 1.000 Metern an der Nordgrenze der Slowakei zu Polen, östlich der Hohen Tatra. Das tief eingeschnittene Tal des Grenzflusses Dunajec trennt das Gebirge in einen westlichen polnischen und einen östlichen slowakischen Teil. Im Jahr 1930 entstand hier zuerst auf polnischer und 1967 auch auf slowakischer Seite der erste grenzüberschreitende Nationalpark Europas. An Fläche ist Pieniny zwar der kleinste Nationalpark der Slowakei, zugleich aber einer der attraktivsten. Typisch für das Gebirge sind die steilen Kalkfelsen, die der Fluss Dunajec durchfließt. Er hat sich dabei einen fast neun Kilometer langen, stellenweise bis 500 m tiefen Taleinschnitt mit zahlreichen Mäandern gegraben. Während der Fluss am Anfang dieses Gebirgsdurchbruchs 50 m breit ist, verengt er sich an manchen Stellen auf bis zu 8 m und gewinnt dabei an Gefälle und Geschwindigkeit. Eine der bekanntesten Attraktionen der Slowakei ist gerade die Fahrt auf hölzernen Flößen durch diesen reißenden Flussteil. Sie beginnt schon ei-

OSTSLOWAKEI

Das ursprüngliche Kartäuserkloster aus dem 14. Jh.

entweder am Fluss entlang oder auf den zahlreichen markierten Wander- und Radwegen durch die herrliche Gebirgslandschaft Pieniny, in der die Menschen noch immer ein sehr traditionelles Leben führen. Die größte historische Sehenswürdigkeit ist das Anfang des 14. Jh. von Kartäusermönchen nahe dem damaligen ungarisch-polnischen Grenzübergang gegründete Rote Kloster (Červený Kláštor). Es steht unter mächtigen, 350 Jahre alten Linden nahe dem Flussufer. Die zu Schweigen und Gebet verpflichteten Kartäuser lebten hier bis zur reformationsbedingten Auflösung ihres Ordens im Jahr

nige Kilometer vor dem Gebirgseinschnitt, sodass sich auch die herrliche Umgebung auskosten lässt. Auf dem Fluss vermischen sich polnische und slowakische Flöße. Aber die Männer, die sie geschickt und sicher manövrieren, sind jeweils in den gleichen bunten Trachten gekleidet und sprechen den selben Dialekt der beiderseits der Grenze lebenden und für ihre reiche Volkstradition bekannten Goralen. Während der fast zweistündigen Floßfahrt erzählen sie allerhand Legenden und Geschichten über die umliegenden Felsen und an gefährlichen Stellen singen sie den Touristen zur Beruhigung vor. Die Rückkehr ist zu Fuß möglich, aber auch auf Leihfahrrädern oder romantisch in einer Kutsche,

Nach einem anstrengenden Tag tut ein Besuch im nahen Thermalbad in Vyšné Ružbachy gut.

Flöße in der Talenge des Flusses Dunajec

OSTSLOWAKEI

Die Schönheit von Pieniny lässt sich außer auf dem Floß auch zu Fuß oder per Fahrrad genießen

1565. Im Jahr 1705 wurde das Kloster wieder Mönchen übergeben, diesmal Kamaldulensern, die aus Italien kamen und sich unter anderem der Bildung und Wissenschaft widmeten. Im 18. Jh. wurde das Kloster durch Bruder Cyprian bekannt, der sich intensiv der Botanik und Heilkunde widmete. Er gründete hier eine der ersten Apotheken der Region, sammelte Heilpflanzen und stellte ein einzigartiges Herbarium zusammen, das in einem Museum erhalten blieb. Es setzt sich aus 272 verschiedenen Pflanzen zusammen und enthält in vier Sprachen deren Beschreibung und heilsame Anwendung bei verschiedenen Krankheiten. Cyprian war auch als „fliegender Mönch" bekannt, da er ein Fluggerät zu konstruieren versuchte, wovon allerdings wegen eines Brandes im Jahr 1782 keine Dokumente erhalten blieben. Im 19. Jh. verfiel das Kloster und wurde erst durch eine Renovierung nach dem Zweiten Weltkrieg gerettet. Im Areal des von einer Verteidigungsmauer umgebenen ehemaligen Klosters lassen sich die gotische Antoniuskirche mit dem Klostergebäude aus dem 14. Jh. und die renovierten Klosterzellen der Mönche sowie die Klosterapotheke besuchen. Einen Überblick über den einzigartigen lokalen Reichtum an Folklore bietet das traditionelle Folklorefestival, das jährlich im Juni statt findet. Erholung von einer anstrengenden Wanderung bietet das im 15. Jh. gegründete Kurbad Vyšné Ružbachy (Ober-

rauschenbach). Seine 24°C warmen Quellen wurden in der Vergangenheit von polnischem und ungarischem Adel viel besucht. Ende des 19. Jh. kaufte der polnische Graf Zamojski zusammen mit der Burg Ľubovniansky hrad (Lublauer Burg) auch das Bad und baute es gemeinsam mit seiner Gemahlin, Prinzessin Caroline de Bourbon zu einem modernen Kurort aus. Sein Sohn führte diesen Ausbau mit finanzieller Hilfe seiner Frau Isabella de Bourbon fort, nach der die ergiebigste Quelle benannt ist. Der interessanteste Badeplatz ist aber zweifellos der Kratersee mit 20 m Durchmesser.

BARDEJOV

Die besterhaltene mittelalterliche Stadt der Slowakei wurde im 13. Jh. am Handelsweg nach Polen gegründet. 1376 wurde Bardejov (Bartfeld, 33.000 Einw.) zur freien Königsstadt erhoben und erlebte im 14. bis 16. Jh. den Höhepunkt von Ruhm und Reichtum. Seine Entwicklung verdankte es deutschen Händlern und dem damals mit mehr als 50 Zünften blühenden Gewerbe. Aus diesem goldenen Zeitalter blieben zahlreiche Sehenswürdigkeiten bestehen, die der Stadt bis

Rathaus und Ägidiuskirche in Bardejov

OSTSLOWAKEI

Die am besten erhaltene mittelalterliche Stadt der Slowakei wurde im Jahr 2000 in die UNESCO-Liste aufgenommen.

heute ihren mittelalterlichen Stempel aufdrücken. Sie ist von einer fast zur Gänze erhaltenen Stadtmauer aus dem 14.-16. Jh. mit elf Basteien und zwei Toren umgeben. Den von Bürgerhäusern im Stil der Gotik und Renaissance gesäumten malerischen Hauptplatz beherrscht die gotische Pfarrkirche des heiligen Ägidius aus dem 15. Jh. mit ihrem außerordentlich kostbaren Innenraum. Ein wahrer Schatz sind ihre elf gotischen Altäre aus den

Die Architektur von Bardejov

Den weitläufigen Platz säumen großteils gotische Häuser, an denen oft nur die Fassade verändert wurde. Zu den interessantesten gehört das Gantzauge-Haus mit seinen Rokokofresken.

Im Kircheninneren hat sich 500 Jahre fast nichts verändert.

Jahren 1460 – 1520, die bis heute auf ihrem ursprünglichen Platz stehen. In der Platzmitte steht das auffallende Rathausgebäude aus den Jahren 1505-1511 in einer Mischung aus Gotik und Renaissance. Es war das erste Renaissancegebäude überhaupt in der Slowakei. Im Erdgeschoss war eine Markthalle, während das Obergeschoss der Administration diente. Im oberen Teil des Rathauserkers fällt eine Figur mit nacktem Hintern auf. Laut Legende soll es sich dabei um eine Rache des Steinmetzes für den zu geringen Lohn handeln. Zu den weiteren Sehenswürdigkeiten von Bardejov gehören das ursprünglich gotische Gantzauge-Haus gegenüber dem Rathaus mit Rokoko-Wandmalereien an der Fassade, das Henkerhaus, die ursprünglich aus dem 16. Jh. stammende humanistische Schule, die evangelische Kirche, die Franziskanerkirche aus dem 15. Jh., die griechisch-katholische Kirche und das sog. jüdische Suburbium mit seiner kostbaren neunfach gewölbten Synagoge aus dem 19. Jh. Die neue orthodoxe Kirche vervollständigt dieses Mosaik verschiedener Ethnien und religiöser Gruppen,

OSTSLOWAKEI

die diesen malerischen nordostslowakischen Landesteil über Jahrhunderte bereicherten und gerade in Bardejov zu ihrer besonderen Essenz zusammenfanden. Die bewahrte Einzigartigkeit dieser Stadt wurde im Jahr 2000 anerkannt, indem Bardejov in die UNESCO-Liste des Weltkulturerbes eingetragen wurde.

Nur 4 km von Bardejov entfernt befindet sich einer der bekanntesten Kurorte der Slowakei, das schon seit dem 16. Jh. bekannte Bardejovské kúpele (Bad Bartfeld).

Im Kurbad Bardejov befindet sich auch eine Volksarchitektur-Ausstellung.

Holzkirche aus dem 18. Jh. im Dorf Lukov

Seine größte Blüte erlebte das Bad im 19. Jh., als sich die Kunde von der Heilwirkung seiner 17 Quellen über ganz Europa verbreitete. Zu den bedeutendsten Persönlichkeiten, die zur Kur hierher kamen, gehören Kaiser Joseph II., Marie Luise, die zweite Frau Napoleons I., Zar Alexander I. und Kaiserin Elisabeth (Sissi), die Gemahlin von Kaiser Franz Joseph I. Zum Kurort gehört auch ein Museum der regionalen Volksarchitektur mit 30 wertvollen Objekten aus der Umgebung inklusive bekannter Holzkirchen.

HOLZKIRCHEN

In der Nordostecke der Slowakei, nahe der polnischen Grenze, sind in der Umgebung der Städte Bardejov und Svidník mehrere durch ihre einzigartigen Holzkirchen bekannte Dörfer verstreut. Dieses Gebiet wird von der ethnischen Minderheit der Ruthenen bewohnt, die sich zum griechisch-katholischen Ritus des Christentums bekennen. Die insgesamt 30 ganz aus Holz gebauten und jetzt denkmalgeschützten Sakralbauten stammen aus dem 15. bis 20., vor allem 17. und 18. Jh., und sind bis auf kleine Ausnahmen griechisch-katholisch. Es gibt zwei Bautypen: mit einem einheitlichen Dach oder mit drei abgestuften Zwiebeltürmen. In vielen finden sich kostbare Ikonostasen und Wandmalereien. Zu den bekanntesten gehören Lukov, Kožany, Bodružal, Ladomírová und Miroľa. Am ältesten ist die um 1500 erbaute römisch-katholische gotische St. Georgskirche in Hervartov. Gewöhnlich bilden sie die Dominante des Ortes, stehen auf Anhöhen und sind von hohen al-

Viele der kleinen Kirchen charakterisieren drei Zwiebeltürmchen.

Ostslowakei

Im Inneren der Holzkirchen finden sich dekorative Ikonostasen.

ten Bäumen umgeben. Sie sind Ausdruck der Kreativität und des gestalterischen Empfindens anonymer Volksarchitekten mit reicher Fantasie.

Prešov

Die drittgrößte Stadt der Slowakei, Prešov (Eperies, 93.000), liegt 30 km nördlich von Košice (Kaschau) und ist ein wichtiges kulturelles und wirtschaftliches Zentrum der Nordostslowakei. Ihre Siedlungsgeschichte gleicht der von anderen slowakischen Städten. Die Bewohner der seit dem 8.-9. Jh. bekannten slawischen Siedlung vermischten sich mit ungarischen und ab dem 13. Jh. auch deutschen Ansiedlern.

Dominante der Stadt ist die gotische Nikolauskirche.

Im Jahr 1299 erhielt Prešov das Stadtrecht und wurde 1374 freie Königsstadt. Wohlstand brachten vor allem Gewerbe und der Handel mit Polen. Im 17. und 18. Jh. durchlebte die Stadt eine schwere Zeit, als sie während eines antihabsburgischen Aufstandes mehrmals die Seite wechselte. Nach der Niederlage der von Emmerich Thököly geführten Aufständischen ließ der kaiserliche General Caraffa im Jahr 1687 24 protestantische Bürger hinrichten. Dieses Massaker ging als Prešover Blutgericht in die Geschichte ein.

Das historische Zentrum von Prešov hat bis heute seine ursprüngliche Gestalt aus der größten Blüte im 15. bis 17. Jh. bewahrt. Die langgestreckte und breite Hauptstraße ist wie in anderen ostslowakischen Städten von noblen Bürgerhäusern gesäumt. Wo sie sich verbreitert, bildet sie in der Mitte eine Insel mit der gotischen Nikolauskirche aus dem 14. Jh. als

Die griechisch-katholische Kathedrale und das Bischofspalais in Prešov

OSTSLOWAKEI

Dominante der Stadt. Das wertvolle Innere der Kirche beherrscht einer der schönsten Barockaltäre der Slowakei gemeinsam mit mehreren gotischen Werken von Meister Paul aus Levoča (Leutschau). Nördlich benach-

Das Caraffa-Gefängnis

Ursprünglich ein Zeughaus aus dem Jahr 1501, wurde es 1687 zum Ort, an dem der kaiserliche General Caraffa die Anhänger des antihabsburgischen Aufstandes foltern ließ.

Die Hauptstraße in Prešov ist zum Großteil Fußgängerzone.

bart ist das Gebäude des evangelischen Kollegs aus dem 17. Jh., das wesentlich zur Bildung in der Region beitrug, mit der evangelischen Kirche aus der selben Zeit. Südlich der Nikolauskirche steht der schöne Neptunbrunnen aus dem Jahr 1738. Herausragend unter den Palais der Hauptstraße sind das Rákóczi-Palais aus dem 16. Jh. mit seiner typisch ostslowakischen Re-

Die Synagoge

Die orthodoxe Synagoge in Prešov gehört zu den am besten erhaltenen der Slowakei. Sie wurde im 19. Jh. erbaut und enthält ein Museum der jüdischen Kultur.

Ausstellung zur jüdischen Kultur. Noch aus dem Mittelalter erhalten blieb ein Teil der Stadtmauer mit Basteien aus dem 14.-15. Jh.

KOŠICE

Als Metropole der Ostslowakei ist Košice (Kaschau, 240.000 Einw.) auch zweitgrößte Stadt des Landes und bildet auch als zweites wichtiges Zentrum der Kultur, Wissenschaft und Wirtschaft einen Gegenpol zu Bratislava (Pressburg). Günstige natürliche Voraussetzungen bedingten eine Besiedlung schon in der Steinzeit. Im 8.-9. Jh. befand sich hier eine befestigte slawische Siedlung und im 11.-13. Jh. verbreiteten erste Klöster ihre Kultur. Ab dem 13. Jh. erfolgten eine Vermischung der ursprünglichen Bevölkerung mit deutschen Zuwanderern und eine rasche Entwicklung der Stadt. 1290 erhielt Košice das Stadtrecht und wurde 1342 freie Königsstadt. Den größten Aufschwung brachte das 15. Jh., als die Stadt zum Zentrum von Handel und Gewerbe wurde und zu den größten Städten Ungarns gehörte. Später erfolgte wegen der Türken-

naissance-Attika und das ursprünglich ebenfalls im Renaissancestil erbaute Rathaus gegenüber. Die religiöse Vielfalt der Stadt symbolisieren auch der herrliche Gebäudekomplex auf der Südseite des historischen Stadtzentrums mit der griechisch-katholischen Kathedrale des heiligen Johannes des Täufers, dem Bischofspalais und der griechisch-katholischen Theologiefakultät aus dem 18. Jh., sowie die orthodoxe Alexander-Nevsky-Kirche aus dem Anfang des 20. Jh. und im Norden die renovierte orthodoxe Synagoge mit ihrer interessanten

Die Franziskanerkirche aus dem 14. Jh. an der Hauptstraße

OSTSLOWAKEI

Einer der vielen beschaulichen Winkel ist auch der angenehme Park hinter dem Gebäude des Staatstheaters.

gefahr eine erst im 17. Jh. endende Stagnation. 1657 wurde die Universität gegründet, die dann in eine königliche Akademie umgewandelt wurde. Die eigentliche Belebung brachten aber im 19. Jh. der Anschluss an die Eisenbahn und die Entwicklung der Industrie. Heute ist Košice Sitz mehrerer Universitäten, Theater, der Philharmonie und zahlreicher internationaler Firmen, die der multiethnischen Stadt einen kosmopolitischen

Der Urbansturm

In der Mitte des langen Hauptplatzes von Košice stehen neben Elisabethsdom und Staatstheater auch kleinere Gebäude. Eines von ihnen ist der gotische Urban-Glockenturm, zu dem später kleine Arkaden im Erdgeschoss hinzukamen.

Flair verleihen. Wie die meisten ostslowakischen Städte kennzeichnet auch Košice ein langgezogener **Hauptplatz** mit einer Kirche in der Mitte. In Košice ist dieser Hauptplatz einen Kilometer lang und erinnert damit eher an eine breite Straße, entlang derer die bedeutendsten Bauwerke stehen. Den Mittelpunkt bildet der hochgotische **Elisabethsdom**, der nach der für ihre Wohltätigkeiten heilig gesprochenen Tochter des ungarischen Königs Andreas II. benannt wurde. Der Bau dieser größten gotischen Kirche der Slowakei und einer der größten Europas wurde 1378 begonnen und erfolgte in Form einer fünfschiffigen Basilika anstelle einer älteren Pfarrkirche in drei Etappen. Als Vorbild diente die St. Viktor-Kirche in der deutschen Stadt Xanten. 1508 wurde das Presbyterium als letzter Teil vollendet. Ende des 19. Jh. wurde der Dom teilweise erneuert und 1906 durch eine Krypta unter dem nördlichen Kirchenschiff ergänzt. Dahin wurden die sterblichen Überreste des Führers des antihabsburgischen Aufstandes, Franz II. Rákoczi, aus der Türkei überführt. Trotz eines Brandes im Jahr 1556 blieb im Innenraum der wertvolle

Das geräumige Innere des Domes mit dem kostbaren Hauptaltar aus dem Jahr 1477

OSTSLOWAKEI

Altar aus dem 15. Jh. erhalten. Einer der schönsten der Slowakei ist der spätgotische Hauptaltar der heiligen Elisabeth aus dem Jahr 1477 mit 48 Tafelbildern. Der öffentlich zugängliche Turm des Domes bietet einen attraktiven Ausblick über die ganze Stadt.

Der Stolz von Košice ist der Elisabethsdom, die größte gotische Kirche der Slowakei.

Neben dem Dom steht die als Grabkapelle geplante gotische **Michaelskapelle** aus dem 14. Jh. und auf der anderen Seite der im Jahr 1628 im Renaissancestil umgebaute **Urban-Glockenturm**. Das letzte Gebäude in der Platzmitte ist das neobarocke **Staatstheater** aus den Jahren 1897-1899. Am „singenden Brunnen" daneben, aus dem sich das Wasser zur Musik „tanzend" ergießt, staunen die Gäste und erholen sich die Einheimischen. Den Platz umgibt eine Reihe Bürgerhäuser, Palais und Kirchen. Zu den wichtigsten gehört die für die Jesuitenuniversität 1671-1684 nach dem Vorbild von Il Gesú in Rom erbaute **Jesuitenkirche** mit Kloster. Die **Franziskanerkirche** mit Kloster auf der selben Seite stammt aus dem 14. Jh. und wurde im 18. Jh. im Barockstil in ihre heutige Gestalt umgebaut. Eines der ältesten Häuser des Platzes

ist das spätgotische **Leutschauer Haus** aus dem 15. Jh. Aus dem 18. und Anfang 19. Jh. blieben entlang des Platzes mehrere schöne Palais erhalten: das ehemalige Rathaus, das Komitatshaus, die Bischofsresidenz, das Csáky-Dessewffy-Palais (heute Sitz des slowakischen Verfassungsgerichts) und das Rákoczi-Palais (heute Sitz des Slowakischen Technischen Museums). Das Zentrum der Stadt ist auch reich an Jahrhundertwende-Architektur. An der Hauptstraße und in ihrer Umgebung finden wir schöne Beispiele der Sezession und des Historismus, von denen das neogotische **Jakab-Palais** beim Stadtpark hervorzuheben ist. Auch die Seitenstraßen bergen Besonderheiten wie die erhaltenen Handwerkerhäuser in der Kováčská- (Schmied-)gasse oder das im 16. Jh. durch Verbindung zweier Häuser entstandene **Nikolaus-Gefängnis** als eines der besterhaltenen mittelalterlichen Gebäude sowie die Reste der Stadtmauer mit der Henkerbastei aus dem 13.-17. Jh. Bei einem Rundgang durch Košice sollte man nicht den im Ostslowakischen Museum untergebrachten einzigartigen Goldschatz aus nahezu 3.000 Goldmünzen des 15.-17. Jh. aus ganz Europa auslassen. Der 11 kg wiegende Goldschatz wurde 1935 im Rákoczi-Palais entdeckt.

JASOV

Ein interessantes Gebäude ist das Jakab-Palais aus dem 19. Jh.

Westlich von Košice, in Richtung Rožňava (Rosenau), befindet sich Jasov (Jossau) mit einem eindrucksvollen Prämonstratenserkloster. Dieses außergewöhnliche Bauwerk wurde 1750-66 nach Plä-

OSTSLOWAKEI

nen von Anton Pilgram an der Stelle eines älteren Klosters erbaut. Es erinnert an große süddeutsche und österreichische Barockklöster, deren zweitürmige Kirche in der Mitte das Kloster in zwei Teile mit eigenen Innenhöfen teilen. Pilgram holte mehrere herausragende Künstler zur herrlichen Ausgestaltung des Baus. Die wertvollen Wandmalereien in der Kirche und Klosterbibliothek (80.000 Bände kostbarer Erstdrucke) sind Werk des bekannten Wiener Malers Johannes Kracker. Zum Kloster gehört auch ein prächtiger französischer Barockgarten. Im Ort befindet sich die zum Nationalpark Slovenský kras (Slowakischer Karst) gehörende Jossauer Höhle (Jasovská jaskyňa) mit beeindruckenden Tropfsteinen in der Form von Pagodenstalagmiten, Wasserfällen, usw.,

Das Prämonstratenserkloster in Jasov

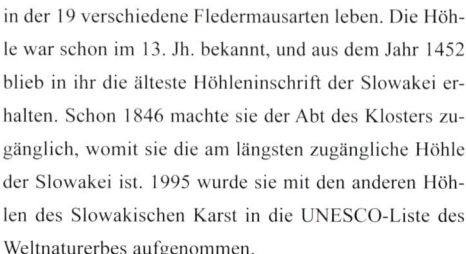

in der 19 verschiedene Fledermausarten leben. Die Höhle war schon im 13. Jh. bekannt, und aus dem Jahr 1452 blieb in ihr die älteste Höhleninschrift der Slowakei erhalten. Schon 1846 machte sie der Abt des Klosters zugänglich, womit sie die am längsten zugängliche Höhle der Slowakei ist. 1995 wurde sie mit den anderen Höhlen des Slowakischen Karst in die UNESCO-Liste des Weltnaturerbes aufgenommen.

SLOWAKISCHER KARST

Der Nationalpark Slovenský kras (Slowakischer Karst) erstreckt sich um die historische Stadt Rožňava (Rosenau) im Südosten der Slowakei, nahe der Grenze zu Ungarn. Zusammen mit dem benachbarten ungarischen Nationalpark Aggtelek bildet er das ausgedehnteste Karstplateau Mitteleuropas und gehört mit seiner Vielzahl an Kultur- und Naturschönheiten zu den schönsten Ecken des Landes. Internationale Anerkennung erhielt das Gebiet erstmals 1977, als es von der UNESCO zum Biosphärenreservat erklärt wurde. Der Slowakische Karst ist ein typisches Karstgebirge, in dem die Erosionstätigkeit der Flüsse einzelne durch Talschnitte getrennte Ebenen schufen. Das ganze Gebiet ist reich an ober- und unterirdischen Schönheiten wie Höhlen, Engtälern, Schluchten und Klüften. Allein an Schmetterlingen leben hier über tausend Arten. Von fast 50 bekannten Höhlen sind vier öffentlich zugänglich. 1995 wurden sie gemeinsam mit den benachbarten ungarischen in die UNESCO-Liste des Weltnaturerbes aufgenommen. Zu den schönsten und größten Höhlen Europas gehört die über die ungarische Grenze reichende Domicahöhle, deren System an Gängen mehr als 20 km lang ist. Sie war schon vor mehr als 6.000 Jahren besiedelt und ist für ihre herrlichen, pagodenartigen Stalagmiten und

Zum Kloster gehört auch ein prächtiger französischer Barockgarten.

OSTSLOWAKEI

Einzigartig dünne Stalaktiten in der Gombasecker Höhle

Die Zádielská-Klamm ist stellenweise nur 10 m breit, aber 250 m hoch.

zahlreichen Kaskadenseen bekannt. Für viele ist jedoch die größte Attraktion eine zur Besichtigung gehörende Bootsfahrt auf dem unterirdischen Fluss Styx. Eine andere ungewöhnliche Höhle ist die nahe Gombasecker Höhle (Gombasecká jaskyňa). Sie besticht durch die verschiedenste Formen von Stalagmiten und vor allem einzigartige, extrem dünne Stalaktiten in der Gestalt von Halmen, die bei einer Dicke von nur 2-3 mm eine Länge von bis zu 3 m erreichen. Davon hat sie so viele, dass der Eindruck entsteht, als ob lange Haare von der Decke der Höhle hingen. Wenige Kilometer von der Höhle befindet sich auf einer der Ebenen beim Ort Silica eine fast 100 m tiefe Kluft, die durch Einsturz eines Höhlendoms entstand und in ihrem unteren Teil ganzjährig vereist ist. Auf langen Treppen gelangt man tief in die Kluft mit ihren wunderschönen Eistropfformen, die nach dem Einsturz vor rund 2.000 Jahren entstanden.

Die größte Klamm der Slowakei ist die 3 km lange Zádielská-Klamm (Zádielská tiesňava) mit ihren hohen Kalkwänden. Stellenweise ist sie unten nur 10 m breit und die schiefen Wände erheben sich bis 250 m in die Höhe. Sie beherbergt viele seltene Arten von Pflanzen und Vögeln, deren größte der Adler und der Schwarzstorch sind. Unbestreitbar gehört der Slowakische Karst zu den außergewöhnlichsten Teilen des Landes mit einem großen Potenzial zur weiteren touristischen Entwicklung. Die einzigartige Natur, die mit zahlreichen markierten Wegen ideale Bedingungen zum

Die Domica-Höhle gehört zu den schönsten Europas.

OSTSLOWAKEI

Wandern und Radfahren bietet, macht die Region gemeinsam mit den umliegenden Burgen, Schlössern und mittelalterlichen Kirchen zu einem der attraktivsten Teile der Slowakei.

In der Platzmitte steht der Stadtturm von Rožňava.

ROŽŇAVA

Rožňava (Rosenau, 20.000 Einw.) ist die größte Stadt der historischen Region Gemer im Südosten der Slowakei und das Tor zum Nationalpark Slovenský kras (Slowakischer Karst). Sie wurde als Bergbausiedlung im 13. Jh. gegründet und 1410 freie Königsstadt. Ihre größte Blüte erlebte die Stadt im 15. Jh., vor allem wegen der ertragreichen Goldgewinnung. Von der anschließenden Stagnationsphase und Niederbrennung durch die Türken erholte sie sich nur langsam, wobei sich die Bautätigkeit auf die Umgebung des Marktplatzes beschränkte. Vor allem wegen der andauernden Türkengefahr begann der Bergbau im 16. Jh. allmählich zu

Gemer

Die historische Region Gemer erstreckt sich über den Südosten der Slowakei und ist bekannt für ihre bewahrte Volkskultur, ihre Naturschönheiten und kostbaren gotischen Kirchen.

verfallen und hörte im 17. Jh. völlig auf. Während der Regentschaft Maria Theresias wurde die Stadt 1776 Bischofssitz, was die weitere Entwicklung prägte.

Den historischen Stadtkern bildet ein weitläufiger quadratischer Platz, in dessen Mitte der Spätrenaissance-Stadtturm aus den Jahren 1643-54 eine Insel bildet. Dieses Symbol der Stadt war ursprünglich Teil des nicht mehr erhaltenen Rathauses. An der Stelle des abgebrannten Rathauses entstand 1658-87 eine Jesuitenkirche, die interessanterweise von Evangelischen für die Jesuiten gabaut wurde. Rund um den Platz stehen schöne Bürgerhäuser mit meist barocken oder klassizistischen Fassaden und erhalten gebliebenen Zugängen zu den mittelalterlichen Goldgruben direkt unter dem Platz. An seiner Nordseite befindet sich die Bischofsresidenz, die durch Verbindung mehrerer älterer Häuser 1776-78 entstand. In einer Ecke des Platzes steht das spätbarocke Franziskanerkloster mit Kirche aus dem Ende des 18. Jh. und ein Stückchen weiter, bereits außerhalb des Platzes, der wertvollste Sakralbau von Rožňava, die Bischofskathedrale. Trotz ihrer bewegten Geschichte blieben an der Kathedrale zahlreiche gotische Details erhalten. Vollendet wurde der Bau Anfang des 14. Jh., aber schon im 15. Jh. folgten Um- und Zubauten, vor allem von Kapellen. Als die Stadt 1776 Bischofssitz und die ursprüngliche Pfarrkirche damit zur Kathedrale aufgewertet wurde, erfolgte eine Renovierung und Ergänzung im Barockstil. Den ursprünglich aus Holz gebauten Turm ersetzte man durch einen großen barocken. 1838 wurde der ge-

Die Dominante von Rožňava sind die Bischofskathedrale und die Franziskanerkirche.

OSTSLOWAKEI

samte Innenraum bemalt. Zu den wertvollsten Teilen der Einrichtung gehört das spätgotische Tafelbild der heiligen Anna aus dem Jahr 1513, das dem Kreis um Meister Paul aus Levoča zugeschrieben wird. Im Hintergrund sind verschiedene Bergbauszenen zu sehen, die ausgezeichnet die damalige Arbeitsweise dokumentieren.

reien aus dem 14.-16. überdeckt. Erst Anfang des 20. Jh. kamen mehr als 200 m² dieser herrlichen Gemälde in bis zu drei Schichten wieder zum Vorschein. Sie zeigen verschiedene Szenen mit religiösen Motiven. Der gesamte Innenraum erweckt mit seiner außerordentlich reichen Ausstattung einen Eindruck der Vollkommenheit.

ŠTÍTNIK

Unweit von Rožňava befindet sich die alte Kleinstadt Štítnik (Schittnich), die im 13. Jh. als Bergbausiedlung entstand und sich im 14. Jh. zu einem Marktstädtchen entwickelte. An seinem unregelmäßigen Dreiecksplatz blieben Bürger- und Handwerkerhäuser mit schönen Fassaden erhalten. Hauptanziehungspunkt des Ortes und zugleich der wertvollste Sakralbau von Gemer ist die Anfang des 15. Jh. fertiggestellte, gotische

KRÁSNA HÔRKA

Die Burg Krásna Hôrka steht dominant auf einem steilen, kegelförmigen Hügel nahe Rožňava (Ro-

Die Burg Krásna Hôrka auf einem hohen kegelförmigen Hügel

senau). Mit ihrem Bau wurde 1320 begonnen. Dank des zergliederten Terrains, auf dem sie steht, diente sie später vor allem der Verteidigung gegen die Türken und wurde dafür Mitte des 16. Jh. in eine mächtige Renaissancefestung umgebaut. Zur selben Zeit wechselte sie auch von ihren ursprünglichen Eigentümern, den Bebeks, in den Besitz der bekannten ungarischen Adelsfamilie An-

Wertvolle Fresken bedecken den Großteil des Kircheninneren in Štítnik.

evangelische Kirche mit ihrem mächtigen Turm, und herrlichen Netz- und Sterngewölben. Im 16. Jh. kam sie in evangelischen Besitz und wurde baulich weiter erneuert. Dabei wurden kostbare mittelalterliche Wandmale-

Die Burg dient schon seit 1910 als Museum.

OSTSLOWAKEI

Das Mausoleum

Nahe der Burg Krásna Hôrka ließ Dionysius Andrássy 1903-04 ein wunderschönes Mausoleum in Form einer Rotunde für seine Gemahlin, die tschechische Opernsängerin Franziska Hablawetz, errichten. Es gehört zu den wertvollsten Sezessionsbauten der Slowakei.

drássy, die die Burg im 17. Jh. in einen noblen Adelssitz umbaute. 1817 wurde die Burg durch Blitzschlag schwer beschädigt und verfiel in den folgenden hundert Jahren, bis sie Dionysius Andrássy nach dem Tod seiner Frau renovieren ließ. Seit 1910 wurde sie als Familienmuseum zum Ruhm dieses Adelsgeschlechts bis heute öffentlich zugänglich gemacht. Ergänzt ist das Museum durch eine umfangreiche Sammlung mittelalterlicher Waffen und originaler Kanonen. Eine Besonderheit der Burg ist auch der mumifizierte Körper einer ihrer Eigentümerinnen, Sophie Serédyi, in der Burgkapelle.

Am Weg unterhalb der Burg, weit von seinen Vorfahren, begrub Dionysius Andrássy seine nicht standesgemäße Ehefrau Franziska Hablawetz, eine tschechische Opernsängerin, die von Andrássys Familie nie anerkannt wurde. Das 1903-04 nach Plänen des Münchner Architekten Berndl für sie erbaute Mausoleum in Form einer Rotunde gehört zu den wertvollsten Sezessionsbauten der Slowakei und ist Symbol ihrer ewigen Liebe. 1908-1909 ließ Dionysius Andrássy als leidenschaftlicher Sammler im Dorf ein Galeriegebäude im Sezessionsstil erbauen, in dem er eine Sammlung von Porträts aus ganz Ungarn unterbrachte.

BETLIAR

Im 18. Jh. ersetzte das wenige Kilometer von ihr entfernte Betliar (Betler) die Burg Krásna Hôrka als neuen Familiensitz der Andrássys. Der komfortable Adelssitz entstand aus einem ehemaligen Renaissanceschloss der Familie Bebek und erhielt erst im Zuge zahlreicher, bis ins 19. Jh. dauernder baulicher Veränderungen seine heutige Gestalt. Zum außergewöhnlichen Inneren gehören eine reichhaltige Bibliothek, eine umfangreiche Familiengalerie, Trophäen aus den zahlreichen Expeditionen von Familienmitgliedern nach Afrika und Amerika, Mumien aus Schwarzafrika, Elefantentrophäen, Schildkrötenpanzer und schließlich ein Eingangsraum in der Art einer Höhle. Das Schloss ist eines der besterhaltenen der Slowakei.

Die romantische Szenerie ergänzt ein von Rousseaus

Der kostbare Park in Betliar ist voll kleiner Bauten im Stil der Romantik.

„Zurück zur Natur" inspirierter, weitläufiger Park von 80 ha, voll mit kleinen romantischen Bauten, Altanen, künstlichen Wasserfällen, Seen, seltenen exotischen Gehölzen, Büschen und Pflanzen. Den Park durchfließt ein Bach, der die ganze Anlage raffiniert bewässert. Die heutige Anordnung der Bäume entspricht dem ursprüng-

Der Park in Betliar

Die Andrássys waren große Reisende und Sammler. Von ihren Reisen brachten sie zahlreiche unterschiedliche Kunstgegenstände und Trophäen mit, die im Schloss und im Park untergebracht sind.

lichen Entwurf des bekannten deutschen Gartenarchitekten Heinrich Neblien von Ende des 18. Jh. Wegen seiner Einzigartigkeit wurde der Park in die Liste der bedeutenden historischen Gärten und Landschaften der Welt aufgenommen.

Ostslowakei

Das Schloss Betliar gehört zu den schönsten und am besten erhaltenen der Slowakei.

Your Specialist Travel Partner In Slovakia

City Breaks to Bratislava and Košice
Hotel Accommodation in Slovakia
Spa Holidays
Incentive Travel
Conferences
Special Interest Groups Travel

Contact:
ENJOY SLOVAKIA s.r.o.
Holubyho 21
902 01 Pezinok
SLOVAKIA
call: +421 33 6409026 or +421 903 711846
fax: + 421 33 6409029
email: info@enjoyslovakia.com
www.enjoyslovakia.com